SUMARIO

LA CUESTIÓN PALESTINA Y EL MARXISMO

JOSEPH DAHER

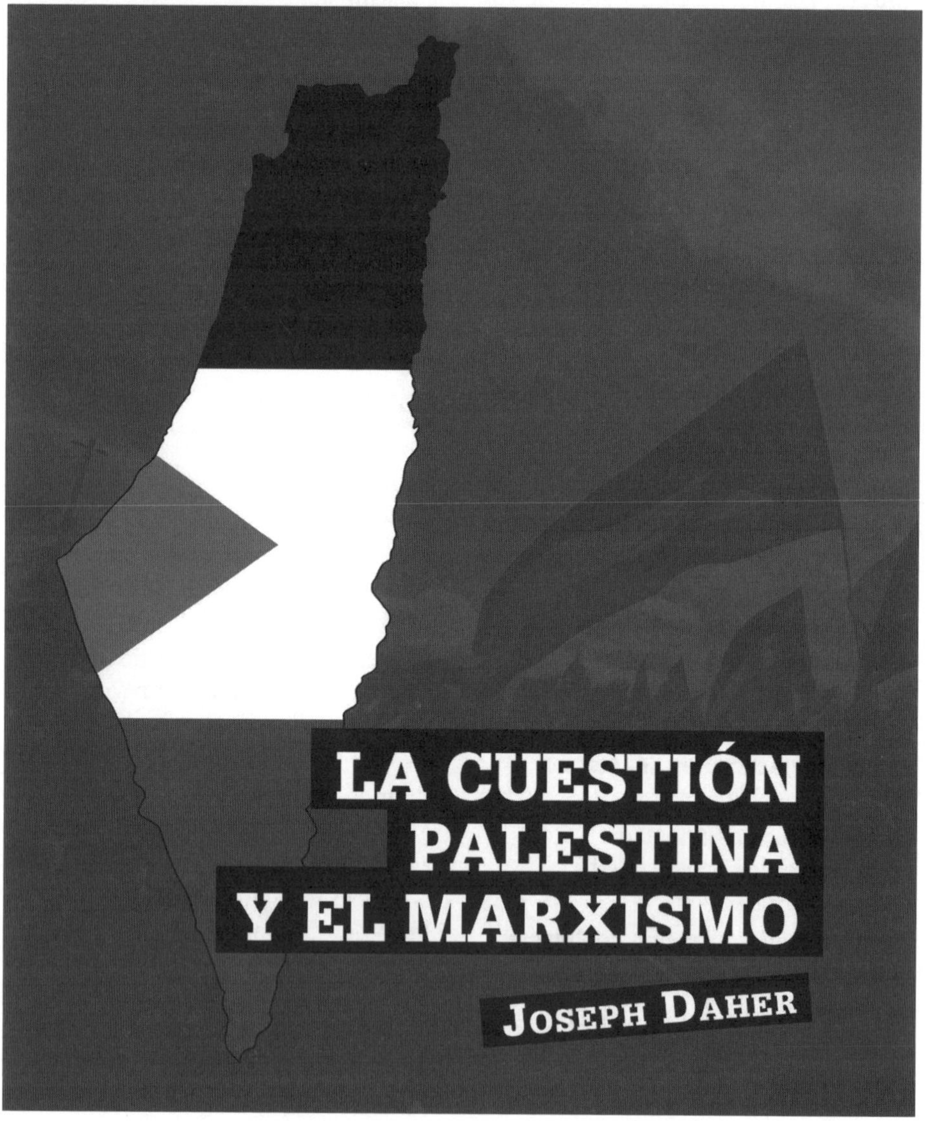

■ "Hasta el presente, todavía no hay químico que haya descubierto en la perla o el diamante el valor de cambio" (Karl Marx), ni tampoco el de una fresa, de una aceituna, de una lechuga, de unos tomates, de un kilo de carne o el de un litro de leche... Al considerar aisladamente el valor de cambio de un objeto, señalaba Marx, la objetividad natural desaparece y adquiere un carácter "fantasmagórico" ("si se considera el concepto del *valor*, llegaremos a la conclusión de que *la cosa misma sólo es considerada como un signo* y no cuenta *como ella misma*, sino como lo que vale" -Hegel-).

En efecto, y si restablecemos los hilos y las conexiones de la *objetividad social* de los productos que pueblan nuestra nevera, lo que encontraremos es el sudor de los invernaderos, los campamentos de chabolas de jornaleras y jornaleros, colonialismo, extractivismo norte-sur, leyes de extranjería, conflictos bélicos y tratados de libre comercio, pesticidas, desertificación, acaparamiento de tierras y agua, muerte industrial y mortificación de los cuerpos en el universo concentracionario de los mataderos, grandes supermercados y la insipidez fantasmal de sus productos, signos pálidos de una naturaleza envuelta en celofán, la anonimia de unas relaciones sociales que nos atan al tiempo impropio del capital y su reproducción.

En definitiva, la sobreexplotación de la naturaleza y de los cuerpos que la trabajan son dos caras de una misma moneda; *dialéctica negativa* que nos remite a esa cosificación de lo vivo que para Adorno consiste primordialmente en un "olvido": un sujeto "civilizatorio" en cuya *hibris* y guerra permanente contra la naturaleza se ha olvidado hasta qué punto nosotros mismos somos también *objetos*, es decir, naturaleza, doliente y sintiente.

Como señala **Manuel Garí Ramos**, coordinador del **Plural** de este número, "¿El campo en llamas y al borde del colapso? Existen alternativas": "No es preciso volver a destacar que la cuestión de la producción de alimentos es una de las claves de la crisis multidimensional del capitalismo del siglo XXI a escala mundial y se entrelaza con cuestiones como la del cambio climático que lleva aparejada la desertificación y sus efectos sobre la producción de alimentos y la disponibilidad de agua dulce tanto potable como para la agricultura y la ganadería. Y, por tanto, junto a la pervivencia de conflictos sangrientos y dictaduras en buena parte del planeta, está en el origen de grandes fenómenos migratorios que hoy están presentes en el debate político como drama humanitario y como excusa racista y xenófoba de la derecha y la ultraderecha en los países imperialistas".

Para hablarnos de todo ello, contamos con las colaboraciones de **Carlos Bueno Suarez**, **Marta Soler Montiel**, **Claudio Katz**, **Mari García**, **Patricia Grela** y **Francisco Alburquerque Llorens** respectivamente.

Alfredo López Pulido, en **Plural 2**, nos habla de "Las raíces kantianas de la dialéctica marxista", argumentando que la dialéctica utilizada en la tradición marxista tiene sus raíces en el pensamiento de Kant, más que en el de Hegel. También señala cómo el uso de la dialéctica en el marxismo ecológico actual permite analizar la relación entre la sociedad y la naturaleza como una totalidad interconectada, en la cual las contradicciones económicas, sociales y ecológicas están profundamente entrelazadas.

En **El desorden global,** dedicado a Sudán, **Khalid Mustafa Medani** nos explica los orígenes de una guerra que ha provocado una grave crisis humanitaria con millones de desplazados y denuncias de limpieza étnica: "la revolución de 2018-19 demostró claramente lo que la devastadora guerra actual está confirmando: que la posibilidad de paz y democracia reside en la resistente sociedad civil sudanesa a través de sus asociaciones profesionales, sindicatos y organizaciones juveniles y de mujeres".

En **Futuro anterior** el artículo "Contra la nocividad: balance del otoño caliente de 1969", **Lorenzo Feltrin** nos presenta materiales relacionados con las luchas de los trabajadores de Porto Marghera en Italia durante los años 60 y 70. Enfocado en el grupo *operaista,* que desarrolló una crítica al trabajo capitalista caracterizándolo como intrínsecamente nocivo para las y los trabajadores y el medio ambiente, el texto, elaborado por el Comité Político de los Obreros de Porto Marghera, expone una teoría que asocia la lucha de clases no con la afirmación del trabajo asalariado, sino con su rechazo, destacando la nocividad tanto tangible (accidentes laborales y contaminación) como "intangible" (alienación y degradación de la vida).

En esta misma sección nos remontamos a otro momento central del movimiento obrero del siglo XX. El texto de **Andy Durgan**, "Octubre 1934: antifascismo y revolución", aborda los eventos de octubre de 1934 en España, cuando una huelga general fue convocada en respuesta a la inclusión de la CEDA, un partido de derecha autoritaria, en el gobierno. Esta experiencia de Frente único antifascista mostró su efectividad y potencial revolucionario especialmente en Asturias. Frente a la estrategia sectaria del *tercer periodo* de la Internacional Comunista -que había facilitado el acceso al poder de los nazis en Alemania-, el Frente único de los trabajadores estableció la Comuna de Asturias, un ejemplo impresionante de autogestión obrera.

En la serie de artículos que desde ***viento*** **sur** estamos dedicando al tema de la educación, nos parece de especial interés el texto que publicamos de **Nico Hirtt**: "Las condiciones educativas de una ciudadanía crítica", en la sección **Aquí y ahora**, donde el autor explora la función y la importancia de la escuela en la sociedad actual, particularmente para las y los estudiantes de clase trabajadora.

En la sección **Miradas** nos encontramos, de la mano de **Mariña Testas,** con la obra de **Emma Ovín**: una fotógrafa gallega que utiliza la fotografía para expresar su conexión con el mar y su identidad a través de "Querido verano", "una carta de amor a la estación estival".

Alberto García Teresa nos presenta en **Voces,** la obra de **Laura García de Lucas**, "Fuga Mundi", un poemario que utiliza el viaje en autobús urbano como metáfora para explorar temas de alienación, masificación y presión social.

Por último, contamos como siempre con los comentarios y la excelente selección de libros de la sección de **Subrayados. M. C.**

La lucha por Sudán

Khalid Mustafa Medani

■ El 15 de abril de 2023 se quebró la alianza entre el general Abdelfatih Burhan, de las Fuerzas Armadas Sudanesas (FAS), y Mohamed Hamdan Dagalo (*Hemedti*), dirigente de las Fuerzas de Apoyo Rápido (FAR), y catapultó al país a una guerra sin precedentes.

La guerra comenzó inicialmente alrededor de la capital, Jartum, pero rápidamente se extendió a otras partes de Sudán: a Darfur, Port Sudan y, en diciembre de 2023, al hasta entonces en calma Estado de Gezira, núcleo agrícola del país situado en la confluencia de los ríos Nilo Azul y Nilo Blanco.

La naturaleza de los enfrentamientos, que se desarrollan tanto en zonas rurales como urbanas, y su magnitud han provocado una grave crisis humanitaria. Unos 9 millones de sudaneses y sudanesas han huido, más de un millón a través de las fronteras del país. *Human Rights Watch* ha denunciado la limpieza étnica en Jartum y en Darfur y ataques contra aldeas y miles de civiles. La crisis se ha agravado por la inseguridad alimentaria que afecta al 60% de la población debido a que los combates impiden la producción agrícola en buena parte del país. El Programa Mundial de Alimentos (PMA) ya ha advertido recientemente de que el país se enfrenta a "la mayor crisis de hambre del mundo" **1/**.

El Programa Mundial de Alimentos (PMA) ya ha advertido recientemente de que el país se enfrenta a "la mayor crisis de hambre del mundo"

Sobre el terreno, la entrega de ayuda humanitaria se ha visto obstaculizada por bloqueos burocráticos como la denegación de permisos de viaje a las organizaciones de ayuda y la imposibilidad de acceder a las zonas necesitadas debido a los combates. La ayuda que haya podido entregarse corre el riesgo de ser capturada o desviada, tanto por el Ejército como por las FAR, para penalizar a la oposición civil que rechaza la guerra. Las dos partes enfrentadas han tomado como objetivo instalaciones médicas. El 70% de los hospitales e instalaciones sanitarias no están operativas y la gente muere por la propagación de enfermedades curables y heridas operables.

El presente expresa un marcado contraste con finales de 2018-2019, cuando el mundo observaba a Sudán con admiración por el levantamiento popular que derrocó al régimen islamista del presidente Omar Al Bashir, y, a la vez, es su resultado directo. La revolución

1/ "Sudan crisis sends shockwaves around the region as displacement, hunger, and malnutrition soar", PMA, 19/02/2024.

prometía el inicio de una nueva, aunque frágil, era de democracia después de tres décadas de régimen autoritario. En su lugar, el prolongado conflicto amenaza los cimientos mismos del Estado sudanés y, por tanto, la estabilidad del Sahel y del Cuerno de África.

La crisis económica y las raíces de la protesta popular

En gran medida, la guerra en Sudán es el resultado directo de la poderosa fuerza y magnitud de lo que los sudaneses denominan *Revolución Gloriosa* de 2018, que traspasó las divisiones sociales, regionales y étnicas.

Uno de los factores clave de las protestas populares que acabaron derrocando al régimen autoritario de Omar Al Bashir fue la secesión de Sudán del Sur el 9 de julio de 2011. Tras más de una década de relativo crecimiento económico, la secesión de Sudán del Sur cortó buena parte de los ingresos petroleros del Estado (dos tercios de los recursos petroleros de Sudán se encuentran en el Sur), lo que condujo a una crisis económica cada vez más profunda. Entre 2000 y 2009 el petróleo suponía el 86% de los ingresos por exportaciones de Sudán **2/**. La secesión del Sur provocó la pérdida del 75% de los ingresos petroleros de Jartum **3/**.

La falta de ingresos petroleros erosionó las redes clientelares del régimen anterior e intensificó las rivalidades entre los dirigentes del Partido del Congreso Nacional (PCN) de Al Bashir. Asimismo, exacerbó las injusticias sociales y económicas en amplias capas de la sociedad sudanesa, tanto en zonas urbanas como rurales, lo que sentó las bases para el levantamiento popular de diciembre de 2018.

Las protestas comenzaron en la ciudad obrera de Atbara, en el Estado del río Nilo, (aproximadamente a 200 kilómetros al norte de Jartum) y estaban dirigidas por estudiantes de secundaria a los que muy pronto se unieron miles de residentes de la ciudad. La chispa inicial estalló porque el precio del plan se triplicó. Pero en las periferias donde se inició el levantamiento las dificultades económicas eran anteriores a la caída de los ingresos petroleros del Estado. Durante el periodo del *boom* petrolero, aunque la economía formal de Sudán se expandía, los beneficios se distribuían de forma desigual. La distribución de servicios, empleo y proyectos de infraestructura, diseñada como estaba para apaciguar a las circunscripciones urbanas, siguió concentrándose en el Estado de Jartum. Como observó un estudio, durante las dos décadas previas a la revolución, aproximadamente el 60% del gasto en desarrollo se destinó a cinco grandes proyectos ubicados en el triángulo central del norte **4/**.

En 2009, una década antes del levantamiento, la incidencia de la pobreza entre la población rural era del 58% frente al 26% entre la población urbana.

2/ Consejo Nacional de Población, Ministerio de Bienestar Social y Seguridad, "Sudan Millennium Development Goals Progress Report, 2010", 23/7/2012, p. 67.

3/ Informe por país del FMI nº 13/318: "Sudán: Documento provisional de estrategia de lucha contra la pobreza", octubre de 2013, p. 6.

4/ "Sudán: Public Expenditure Review, Synthesis Report", Banco Mundial, Informe nº 41840-SD. Washington DC, diciembre de 2007.

Además, las estadísticas de este periodo revelan que los niveles de pobreza eran mucho más elevados en Darfur y en el este que en Jartum y en los Estados centrales **5/**. La desigualdad entre regiones y entre el centro y la periferia del país explican parcialmente por qué las protestas iniciales que desembocaron en el levantamiento popular de 2018 estallaron, por primera vez en la historia de Sudán, en la periferia del país y no en la capital.

Sin embargo, en pocos días, las manifestaciones antigubernamentales se extendieron por muchas ciudades y pueblos de la región septentrional y de la capital, Jartum. Los y las manifestantes coreaban eslóganes como el conocido cántico de los levantamientos árabes: *al sha'ab yurid isqat al nizam,* "el pueblo quiere la caída del Régimen".

Nuevas redes de movilización popular

Siguiendo el modelo de las ciudades de la periferia, las manifestaciones de Jartum también surgieron como protestas contra la profunda crisis económica asociada a la subida del precio del pan y del combustible y a una grave crisis de liquidez. Pero sus reivindicaciones evolucionaron rápidamente y se transformaron en llamamientos a la destitución de Al Bashir.

En vísperas de la revolución, los y las dirigentes juveniles sudaneses se unieron a los sindicatos de médicos, farmacéuticos, abogados y profesores de secundaria. La Asociación Profesional Sudanesa (APS) –una red de sindicatos gremiales y profesionales paralelos (o no oficiales) integrada por médicos, ingenieros y abogados, entre otros– asumió el liderazgo en la organización y programación de las protestas. A finales de diciembre de 2018 convocaron una manifestación hacia el Parlamento en Jartum exigiendo al Gobierno un aumento de los salarios en el sector público y la legalización de los sindicatos profesionales y gremiales no oficiales. Cuando las fuerzas de seguridad utilizaron la violencia contra las protestas pacíficas, sus demandas cobraron impulso hasta reclamar la destitución del Partido del Congreso Nacional (PCN) en el gobierno, la transformación estructural del sistema gubernamental de Sudán y una transición a la democracia.

Sus reivindicaciones eran las mismas que las de las protestas populares anteriores (de 2011, 2012 y 2013), pero las de 2018 y 2019 fueron inéditas por su duración y alcance geográfico. Asimismo, siguieron un proceso sorprendentemente novedoso, innovador y sostenido. Los y las manifestantes aprendieron de los errores de las protestas anteriores que, muy centralizadas, se limitaron principalmente a las y los sudaneses de clase media y carecían de estrategia para enfrentarse a las omnipresentes fuerzas de seguridad del Estado.

Dirigidas por la Asociación de Profesionales Sudaneses y organizadas a nivel de calle por los Comités de Resistencia de Barrio (CRB), encabezados por gente joven, las manifestaciones se coordinaron, programaron y planificaron, dando más relevancia a su sostenibilidad que a la cantidad. Las protestas también se extendieron a barrios de clase media, obreros y pobres, y hubo coordinación con manifestantes de

5/ Banco Mundial: "The Sudan Interim Poverty Reduction Strategy Paper Status Report", octubre de 2016, p. 1.

regiones alejadas de Jartum, incluidos los Estados del Mar Rojo, al este, y Darfur, en el extremo occidental del país.

Más allá de la escala regional, las protestas se distinguieron también por unos niveles desconocidos de solidaridad entre clases y etnias. Los y las jóvenes activistas y los miembros de asociaciones profesionales no sólo cuestionaron el discurso político del Estado islamista, sino que, en el contexto de estas manifestaciones, desempeñaron un papel importante en la creación de alianzas entre clases. Los eslóganes utilizados se diseñaron para resonar y movilizar el apoyo más allá de las divisiones étnicas, raciales y regionales.

A lo largo de los seis meses de protestas, las huelgas, paros y sentadas no sólo se llevaron a cabo en los campus universitarios y en las escuelas secundarias, sino también entre las y los trabajadores del sector privado y del público. Entre los ejemplos más importantes quedan las huelgas de los trabajadores de Port Sudan, en el Mar Rojo, que exigieron que se anulase la venta del puerto del sur a una empresa extranjera, y varios paros y protestas protagonizados por empleados y empleadas de algunos bancos, proveedores de telecomunicaciones y otras empresas privadas relevantes del país.

Entre los ejemplos más importantes quedan las huelgas de los trabajadores de Port Sudan, en el Mar Rojo, que exigieron que se anulase la venta del puerto del sur a una empresa extranjera

Aunque se pone el acento -y con razón- en el papel central de los y las manifestantes en las calles, en los comités de resistencia y en la Asociación de Profesionales Sudaneses, los partidos de la oposición sudanesa también desempeñaron un papel, no sólo en la organización de las protestas, sino también proporcionando apoyo ideológico a las reivindicaciones. Los partidos políticos tomaron la iniciativa para redactar la Declaración por la Libertad y el Cambio, de enero de 2019, en pleno apogeo de las protestas. Junto con la Asociación de Profesionales Sudaneses, las principales coaliciones de partidos políticos de Sudán, sobre todo las Fuerzas de Consenso Nacional y Llamamiento de Sudán (Nida al Sudan), impulsaron la formación de una amplia red de oposición unida bajo la bandera de las Fuerzas de la Libertad y el Cambio (FLC). Las FLC se encargaron principalmente de coordinar a todas las clases sociales, incluidas las que operaban en el sector informal.

De hecho, y lo que es más importante, las FLC no solo incluyeron a asociaciones y grupos de jóvenes de clase media, sino también a comités de resistencia de barrios organizados de manera informal, algunos de los cuales representaban a los barrios urbanos más pobres. Estos comités revolucionarios de barrio ya emergieron durante la desobediencia civil de 2013 contra Al Bashir y actuaron como soldados de infantería de las protestas. Tomaron la iniciativa para alejar a los y las manifestantes de las fuerzas de seguridad y desempeñaron un papel importantísimo en el mantenimiento de las protestas a pesar de la extraordinaria violencia desplegada por las fuerzas de seguridad y las milicias para sofocar el levantamiento.

La relativa fuerza y legitimidad iniciales de los principales partidos de la oposición y su coordinación con los y las manifestantes y con los sindicatos informales, acabó desempeñando un papel crucial para que las protestas que derrocaron a Al Bashir se mantuvieran. Tras la revolución, los comités de resistencia asumieron un papel político más directo, trabajando para construir un consenso de base en torno a un proyecto para la transición legítima y popular hacia la democracia civil, coherente con los objetivos de la revolución.

Violencia contrarrevolucionaria

Sin embargo, tras la caída de Omar Al Bashir en abril de 2019, Sudán siguió siendo, en esencia, un régimen autoritario híbrido.

Inicialmente, a Al Bashir le sustituyó una junta militar en forma de Consejo Militar de Transición. Estaba dirigido por el general Burhan, del Ejército sudanés o Fuerzas Armadas Sudanesas (FAS), y su jefe adjunto era Dagalo, comandante de las Fuerza de Apoyo Rápido (FAR). Como respuesta a la toma del poder por parte de los militares, continuaron las sentadas y protestas que exigían la transición a un gobierno civil pleno. El 3 de junio de 2019, las fuerzas de seguridad del Consejo Militar de Transición, incluida la milicia de las FAR, dispersaron violentamente una de estas sentadas y mataron a cientos de personas e hirieron a miles en lo que se conoció como la *Masacre de la Sentada de Jartum*.

Los dirigentes civiles, representados por las Fuerzas de la Libertad y el Cambio, alcanzaron finalmente un acuerdo con los militares en julio. En agosto de 2019, las partes habían firmado un acuerdo de aparente reparto del poder en forma de carta constitucional y las Fuerzas de la Libertad y el Cambio propusieron a Abdalah Hamduk como primer ministro. Esta carta se modificó con el Acuerdo de Juba de 2020, firmado entre el gobierno de transición y varios grupos de la oposición.

Pero el gobierno de transición nunca estableció una clara separación de poderes: a través de la carta constitucional y los militares conservaron el derecho a rechazar cualquier propuesta de los dirigentes civiles de la coalición. Además, se les concedió inmunidad frente a la investigación por crímenes pasados (también por los de la Masacre de la Sentada) y ejercieron poder de veto sobre los nombramientos de ministros civiles, como el presidente del Tribunal Supremo y el fiscal general. Así pues, el gobierno de transición operó con un marcado desequilibrio entre la autoridad de los militares y la dirección civil.

Por su parte, los comités de resistencia de los barrios de Sudán y el movimiento general de protesta siguieron presionando (y lo siguen haciendo ahora) para conseguir cinco prioridades importantes. La primera, la transición a un gobierno civil pleno basado en el rechazo a toda asociación con los líderes militares, plasmada en el lema de los *tres noes*: no a las negociaciones, no a la asociación, no a legitimar a los militares. En segundo lugar, reclaman replantear el Acuerdo de Juba para que sea más inclusivo con las personas directamente afectadas por la guerra. En tercer lugar, reclaman que se debata la reforma constitucional con el fin de preparar una conferencia constitucional que tenga plenamente en cuenta las desigualdades estructurales y étnicas del pasado y que supervise la celebración de elecciones libres y justas. En cuarto lugar, quieren que rindan cuentas los agentes estatales implicados en la violencia contra la población civil, también los de la Masacre de la Sentada. Y, por último, piden que tras el cese de las hostilidades se establezca rápidamente un consejo legislativo.

En esta red de organizaciones de la sociedad civil hay grupos que habían dado su apoyo al gobierno civil, como la propia Asociación Profesional Sudanesa y las dos principales organizaciones juveniles (Girifna y Sudan Cambio Ahora). Al final, el fracaso de Hamdok y del brazo civil del gobierno de transición a la hora de incorporar las principales reclamaciones, así como la participación de los comités de resistencia de los barrios, entorpeció los avances concretos en lo que respecta a las demandas populares de rendición de cuentas y justicia, limitando su base social y el apoyo a los dirigentes civiles. El retraso en el establecimiento de una asamblea legislativa que preparase las elecciones desgastó aún más la popularidad y legitimidad de Hamdok y de los partidos políticos en general. La cúpula militar, bajo lo que entonces era una sólida alianza entre Burhan y Dagalo, explotó hábilmente estas divisiones y allanó el camino para el golpe de octubre.

El 25 de octubre de 2021 el general Burhan, de las FAS, y el comandante Dagalo, de las FAR, instigaron conjuntamente un golpe de Estado contra Hamdok. Inmediatamente después se produjeron protestas generalizadas y constantes que reclamaban el retorno del gobierno civil. Lideradas por los comités de resistencia popular, obligaron a las FAS y a las FAR a aceptar negociar con la oposición civil. Las negociaciones facilitaron el ahora anulado acuerdo marco, que desató una violenta rivalidad entre Burhan y Dagalo. En concreto, se enfrentaron por la cuestión de la fusión permanente de las FAR en el Ejército nacional regular. Y, además, ambas fuerzas rechazaron los intentos de desmantelar sus vastas fortunas económicas, un objetivo clave de la revolución.

El desacuerdo entre los dos generales sobre la reforma del sector de la seguridad y su mutua ambición por mantener el control sobre importantes sectores de la riqueza del país son dos de los factores más importantes que llevaron a Sudán a la guerra.

Los orígenes de las Fuerzas de Apoyo Rápido (FAR)

Si bien lo que amenaza hoy en día con destruir el Estado es la rivalidad entre los oficiales del Ejército sudanés apoyados por los islamistas y la milicia de las FAR, lo que sustenta la guerra actual es la larga historia de su asociación.

La aparición de las FAR se remonta a la guerra de Darfur a principios de la década de 2000. En respuesta a la insurgencia iniciada allí en 2003, el régimen de Al Bashir aplicó una guerra contrainsurgente de tierra quemada que condujo a la muerte de más de 200.000 civiles. La guerra la libraron principalmente las llamadas milicias Janjawid, creadas, financiadas y controladas por el régimen de Jartum. El propio Dagalo, actual comandante de las FAR, fue comandante de las milicias Janjawid durante esos años (también Burhan estuvo destinado en Darfur para que las Fuerzas Armadas Sudanesas pudieran coordinar la iniciativa contrainsurgente en nombre de Jartum).

En 2013, tras la reestructuración del Ejército que llevó a cabo el régimen islamista, las Janjawid pasaron a ser las FAR bajo el liderazgo de Dagalo. Preocupado tanto por la amenaza de los insurgentes en Darfur como por las reiteradas manifestaciones prodemocráticas en Jartum, Al Bashir institucionalizó las FAR como brazo contrainsurgente del Ejército sudanés. Además de desplegar la milicia contra la insurgencia y las protestas populares, un tercer objetivo era debilitar al Ejército nacional permanente para impedir cualquier intento de los oficiales de rango medio de derrocar al partido de Al Bashir (el régimen del Partido del Congreso Nacional) mediante un golpe militar. Fue Al Bashir quien dio a Dagalo su famoso apodo, *Hemedti* (*mi protector*). En 2017, el gobernante legalizó las FAR mediante un decreto que establecía formalmente la milicia como una fuerza de seguridad independiente, más acertadamente categorizada desde entonces como milicia paramilitar estatal.

Tras la revolución de 2019, Burhan permitió y promovió la expansión de las FAR por los barrios residenciales del gran Jartum, lo que preparó el terreno para que la capital se convirtiera en el epicentro de la violencia al comienzo de la guerra.

Es una ironía fatal de la historia sudanesa que en abril de 2023 las FAR –la milicia aparentemente leal al antiguo régimen islamista del PCN– se levantara en armas contra su antiguo benefactor. Sus principales razones para hacerlo fueron dos: su insistencia en la autonomía de mando y control, y hacer realidad la ambición de *Hemedti* de conseguir el control económico y político del país.

Una guerra por la economía *ilegal*

El poder del ejército sudanés, especialmente entre sus altos mandos, tiene sus raíces en la fundación del actual *Estado profundo* de Sudán y en la vinculación de la economía nacional a los intereses militares y de seguridad.

Tras el golpe de 1989, que llevó al poder al régimen militar de Al Bashir con el respaldo de los islamistas, el gobierno abrió paso a una estrategia económica de *tamkin* (empoderamiento). Tal política estableció la hegemonía política y económica a favor de las élites islamistas del país organizadas en torno al Frente Islámico Nacional (FIN) y, más tarde, en el Partido del Congreso Nacional (PCN). Bajo una política de reformas aparentemente neoliberales y favorables al mercado, las empresas estatales fueron vendidas a los aliados del régimen. Se coaccionó a los empresarios para que cedieran las acciones de sus empresas a los leales al PCN y se concedieron reducciones fiscales, cuando no exenciones totales, a las empresas favorables al régimen **6/**.

Bajo una política de reformas aparentemente neoliberales y favorables al mercado, las empresas estatales fueron vendidas a los aliados del régimen

Además de comprar la lealtad al régimen, el Estado purgó a sus rivales en el gobierno y en la sociedad civil. Cuando asumió el poder, el régimen islamista despidió a miles de militares y funcionarios de la burocracia **7/**.

Siguiendo un modelo que recuerda al de la guerra actual, los dirigentes islamistas comenzaron a acumular y distribuir selectivamente productos básicos como trigo, harina y petróleo. El petróleo, en particular, jugó un papel clave en la permanencia del autoritario régimen islamista hasta la secesión del sur en 2011. El régimen de Al Bashir, al disponer de los ingresos procedentes del petróleo que alimentaban directamente las arcas del Estado, los utilizó para fortalecer y expandir sus redes clientelares en todo el país, canalizando fondos hacia los sectores leales y sus regiones de origen. Pero si las políticas económicas del *tamkin* derivaron en el monopolio por parte de los islamistas de los sectores económicos formal e informal de Sudán, también incrementaron el papel de los militares en la economía **8/**. La creación de la Corporación Industrial Militar (CIM) a principios de la década de 1990 dio a las FAS el control sobre una docena de empresas que producían material militar. Posteriormente, sus actividades económicas se extendieron más allá de la CIM hasta llegar a controlar una serie de industrias civiles.

Con este telón de fondo, la economía se convirtió en un escenario clave de la competencia política tras el levantamiento de 2018-19. Durante la transición que siguió a la revolución, emergieron dos facciones de la élite: los restos de la coalición islamista del FNI, vinculados a miembros del PCN -principales responsables de la construcción del Estado profundo en la década de 1990- y el Consejo Militar de Transición (CMT), compuesto por líderes de las milicias de las FAS y de las FAR.

Si bien en el pasado los islamistas representaron un grupo relativamente coherente, en la transición surgieron diferencias entre los líderes militares que dirigían el Consejo Militar de Transición y un resurgente grupo ideológico islamista que ejercía un control importante sobre los servicios de seguridad del Estado, incluidas las infames y militarizadas *kattayib al zil*, o *brigadas*

6/ Ahmed Gallab (2008) *The First Islamic Republic: Development and Disintegration of Islamism in Sudan*. Surrey: Ashgate.

7/ Anne L. Bartlett (2020) "Dismantling the Deep State in Sudan", *Australisian Review of African Studies*, 41/1, pp. 51-57.

8/ Harry Verhoeven (2013) "The rise and fall of Sudan's Al-Ingaz Revolution: The Transition from Militarised Islamism to Economic Salvation and the Comprehensive Peace Agreement", *Civil Wars* 15/2, pp. 118-140.

en la sombra **9/**. En respuesta, el Consejo Militar de Transición asumió el control de muchas grandes empresas de propiedad islamista y limitó el poder de los servicios de inteligencia de Sudán. Operó incluso para desmantelar varias milicias confiscando sus bienes y cerrando sus cuentas bancarias. Sin embargo, tras el golpe de Estado del 25 de octubre de 2021, Burhan se vio cada vez más aislado y sin adeptos significativos ni legitimidad en la sociedad civil, por lo que restableció rápidamente las relaciones con los islamistas, readmitiendo a sus dirigentes en la burocracia y en el aparato de seguridad del Estado. Ambos luchan ahora contra las FAR.

Los líderes militares, respaldados por los islamistas de línea dura, están luchando para retener y reavivar la enorme riqueza financiera y las ventajas políticas que disfrutaban gracias a su monopolio sobre el Estado profundo. Así que, lo que impulsa los objetivos de Burhan en esta guerra son las empresas e inversiones de las FAS y la larga historia de manipulación de la economía informal por parte de éstas y de los islamistas, que fue lo que les permitió controlar el Estado. El que intenten alcanzar juntos este objetivo por todos los medios militares necesarios y sin importar el coste humano explica parcialmente la lógica de la violencia generalizada en esta guerra civil y, en particular, que esté dirigida contra la población civil, la mayoría de la cual ha luchado para desmantelar el legado del Estado profundo. De hecho, uno de los objetivos centrales de la revolución desde el principio fue: *tafkik al nizam wa izalat al tamkin* (desmantelar el régimen y eliminar sus políticas de *empoderamiento*) **10/**.

Del petróleo al oro

Si lo que alimentó el surgimiento del Estado profundo dominado por los islamistas fueron las políticas de empoderamiento o *tamkin* y el *boom* petrolero, en la guerra actual lo que alimenta a la milicia paralela de *Hemedti*, generando violencia política, es la extracción de oro para la exportación.

Tras la pérdida de ingresos del petróleo por la secesión de Sudán del Sur en 2011, Al Bashir recurrió al oro para apuntalar sus debilitadas redes clientelares. Entre 2012 y 2017, la producción de oro se incrementó hasta un llamativo 141% **11/**. En 2018, un año antes de la revolución, el país era el duodécimo productor mundial.

Pero a diferencia del petróleo, los beneficios de este nuevo auge del oro se han distribuido de manera mucho más descentralizada. La mayor parte de las exportaciones de oro salen como contrabando ilegal del país, sobretodo al mercado de Emiratos Árabes Unidos. El grueso del valor del oro escapa así a la maltrecha economía formal, lo que debilita la capacidad del Estado para generar ingresos y destinar recursos a la ciudadanía. Un estudio reciente

9/ "Burhan lets the Islamists back in", *Africa Confidential* 62/10 (12/05/2022).

10/ "Al Burhan forms s committee to dissociate Al Bashir's regime in Sudan", *Middle East Monitor,* 11/12/2019.

11/ "Analyzing Trade, Oil and Gold: Recomendations to Support Trade Integrity in Sudan", *Global Financial Integrity,* mayo de 2020, p. 3.

revela que la diferencia entre las exportaciones de oro declaradas por Sudán y las importaciones registradas por sus socios comerciales ascendía a 4.100 millones de dólares **12/**, lo que revela que un astronómico 47,7% de los ingresos procedentes del oro sudanés acaba en manos privadas.

Mientras los militares y el aparato de seguridad dirigido por los islamistas luchan por controlar las empresas de petróleo, goma arábiga, sésamo, armas, combustible, trigo, telecomunicaciones y la banca, *Hemedti* monopoliza el oro y, en menor medida, el ganado y los bienes inmuebles para extender su iniciativa bélica. La violencia que sustenta la guerra está directamente relacionada con su riqueza personal, fundamentalmente amasada con su participación en el comercio ilegal de oro.

Un informe publicado por el Consejo de Seguridad de Naciones Unidas en 2015 reveló que las fuerzas de *Hemedti* generaban 54 millones de dólares al año por el control de la mina de oro de Yebel Amir **13/**. Fueron esos ingresos los que le permitieron reclutar en las FAR a jóvenes depauperados y sin empleo de todo el Sahel, de Libia, Chad, Malí y Níger, que son los principales perpetradores de la violencia en Darfur, Jartum y Sudán central. Se calcula que su fuerza paramilitar alcanza actualmente a unos 40.000 efectivos. En comparación con sus homólogos de las FAS, sus tropas disfrutan de un acceso importante a recursos financieros y de formación por parte de actores externos.

La aparición del oro como materia prima más lucrativa de Sudán permite explicar la naturaleza descentralizada de la guerra y los altos niveles de violencia ejercida por las milicias de las FAR, especialmente en las regiones de Darfur y Kordofán, ricas en oro.

Alimentar una guerra por procuración

Aunque las dinámicas principales que impulsan la guerra en Sudán son internas, potencias regionales y otras más lejanas están desempeñando un papel influyente. Entre ellos destacan los países del Golfo, especialmente Arabia Saudí y Emiratos Árabes Unidos (EAU).

Aquí también, la entrada del oro como mercancía más lucrativa de Sudán es significativa. A diferencia del petróleo, el oro es un recurso saqueable, lo que motiva a intervenir a actores externos, como EAU, del lado de las FAR, independientemente de las consecuencias en términos de violencia contra la población civil. EAU parece estar dando apoyo a *Hemedti* y sus FAR con su envío de armas a través de Chad y Libia.

Además del comercio ilícito de oro, *Hemedti* también se ha beneficiado de los intereses regionales de los países del Golfo y de su malestar por la situación en el Mar Rojo. A Arabia Saudí y Emiratos Árabes Unidos les preocupa desde hace tiempo el cerco de Irán a través del estrecho de Ormuz y Bab el Mandeb. Esta preocupación se intensificó con el apoyo iraní al movimiento hutí en Yemen, que produjo la intervención militar de una coalición liderada por

12/ *Ibid.*
13/ "UN Panel of Experts Reveals Gold Smuggling and Cluster Bombs in Darfur", *Relief Web*, 12/04/2016.

Arabia Saudí en 2015. *Hemedti* recibió millones de dólares, tanto de Arabia Saudí como de EAU, para enviar a sus milicias a luchar en la guerra.

Aunque la mayoría de los efectivos de las FAR han regresado de Yemen, la última escalada de violencia en el Mar Rojo, producida por los ataques de los huties contra buques mercantes en respuesta a la guerra de Israel contra Gaza, ha avivado la preocupación de Arabia Saudí en particular. Riad, junto con EE UU, ha tomado la iniciativa para intentar negociar un acuerdo de alto el fuego entre las partes enfrentadas con la intención estratégica de fomentar una sólida alianza con el régimen de posguerra que surja en Jartum.

Tanto Arabia Saudí como EAU han establecido importantes bases militares en el Cuerno de África

Tanto Arabia Saudí como EAU han establecido importantes bases militares en el Cuerno de África: los saudíes en Yibuti y los emiratos en Eritrea. EAU también pretende establecer instalaciones similares en el norte de Somalia. Pero la competencia por la influencia en la región del Mar Rojo no se limita a estos Estados: Qatar, Turquía y Rusia han intensificado sus vínculos con la región mediante propuestas para establecer bases militares frente a la costa sudanesa del Mar Rojo.

Aunque en parte sea estratégico, el interés de los Estados del Golfo por Sudán obedece también a objetivos económicos a más largo plazo. Consideran la inversión en África como un medio para diversificar sus economías y están impacientes por ampliar el comercio en un continente tan rico en recursos y del que Sudán es una puerta de acceso. EAU lleva tiempo detrás de un proyecto de desarrollo portuario frente a la costa sudanesa del Mar Rojo. En 2022 se informó que Jartum había adjudicado formalmente a EAU un contrato de explotación parcial de Port Sudan en el que EAU invertiría 6.000 millones de dólares.

Las tierras agrícolas de Sudán también son cruciales para ayudar a los países del Golfo a satisfacer la demanda ingente de importación de alimentos. En Gezira (en el corazón agrícola de Sudán), por ejemplo, se favorecieron inversiones de los países del Golfo -por un valor total de 8.000 millones de dólares- mediante políticas neoliberales que acabaron endeudando a las y los pequeños agricultores y diezmando el sector agrícola a pequeña escala. Gran parte de las tierras arrendadas por los inversores del Golfo se han transformado en proyectos agroindustriales a gran escala que han cortado las rutas de pastoreo y absorbido parcelas antes dedicadas a la agricultura de subsistencia de secano. A propósito: es el empobrecimiento de las y los agricultores y trabajadores rurales sudaneses lo que ha contribuido al éxito del reclutamiento de las milicias de las FAR, cuyos combatientes proceden de poblaciones rurales ahora desposeídas.

Egipto, por su parte, apoya al general Burhan y a las FAS. El Cairo no sólo está preocupado por que se revitalice la influencia islamista a lo largo de su flanco sur, sino también en la cuenca del río Nilo. En 2020 Etiopía comenzó a llenar el dique del Gran Renacimiento Etíope, una presa hidroeléctrica de 4.800 millones de dólares en el Nilo Azul, que El Cairo considera una amenaza existencial para sus propios recursos hídricos. *Hemedti* mantiene estrechos vínculos con Etiopía y con EAU, que pese a ser un gran benefactor de Egipto es también un rival regional por su influencia. Por ello, Egipto considera que un Sudán dominado por las FAR es una amenaza para sus intereses nacionales.

El resultado de esta competencia de rivalidades es que hay en marcha múltiples iniciativas de *paz* que funcionan con fines contrapuestos. En el momento de redactar este informe, hasta cuatro foros diferentes operan simultáneamente para alcanzar un alto el fuego y un acuerdo de paz entre las facciones enfrentadas: las Conversaciones de Riad (lideradas por Estados Unidos y Arabia Saudí), la iniciativa de la Autoridad Intergubernamental sobre Desarrollo (IGAD, por sus siglas en inglés) y la Unión Africana liderada por Yibuti, las conversaciones de El Cairo, que intentan forjar una alianza entre la oposición civil y el aliado egipcio, las FAS, y una iniciativa más reciente liderada por EAU, pero auspiciada por el gobierno de Bahréin.

Estas iniciativas reflejan más los intereses de los Estados que las promueven y sus relaciones con las respectivas partes beligerantes que los esfuerzos por apoyar al pueblo sudanés y a la sociedad civil para hallar un marco viable que conduzca al alto el fuego.

La promesa imperecedera de la revolución

En contraste con otras guerras civiles de la historia de Sudán, las partes enfrentadas carecen actualmente de un electorado significativo o de legitimidad en la sociedad civil. Ambas partes están librando una guerra contra el pueblo sudanés porque, precisamente, desde la revolución popular democratizadora de 2018 la sociedad civil sudanesa viene rechazando unánimemente un futuro dominado por líderes militares autocráticos.

Un influyente movimiento popular dirigido por jóvenes ha demostrado una gran capacidad colaborativa superando divisiones étnicas, de género y sociales en pro de objetivos democráticos

De hecho, la revolución de 2018-19 demostró claramente lo que la devastadora guerra actual está confirmando: que la posibilidad de paz y democracia reside en la resistente sociedad civil sudanesa a través de sus asociaciones profesionales, sindicatos y organizaciones juveniles y de mujeres. La guerra no ha hecho más que afirmar la importancia de estas redes. Ahora, y a pesar de sus diferencias, los comités de resistencia dirigidos por la juventud están de acuerdo en que lo prioritario es poner fin a la guerra y restablecer la paz, abordando las causas profundas de los conflictos de Sudán, como pretendía la revolución.

En un contexto de guerra devastadora y de desplazamientos masivos, un influyente movimiento popular dirigido por jóvenes ha demostrado una gran capacidad colaborativa superando divisiones étnicas, de género y sociales en pro de objetivos democráticos. En ausencia de una ayuda internacional efectiva, por ejemplo, los centros de asistencia urgente dirigidos por la gente jóven han movilizado la ayuda mutua en todo el país.

Frente a la merma de legitimidad de las élites políticas en la sociedad civil sudanesa, las y los dirigentes juveniles atesoran un fuerte respaldo de un amplio espectro de la población sudanesa. Dirigentes del movimiento juvenil, organizaciones de mujeres, académicos independientes, artistas y millones de sudaneses y sudanesas en la diáspora son casi unánimes sobre cómo afrontar el reto actual de la guerra: trabajando para fortalecer la sociedad civil en formas que recuperen la confianza, resuelvan el conflicto y construyan una paz sostenible.

Khalid Mustafa Medani, sudanés, es redactor de *Middle East Research and Information Project* y profesor asociado de Ciencias Políticas y Estudios Islámicos en la Universidad McGill (Montreal, Canadá). Autor de *Black Markets and Militants. Informal Networks in the Middle East and Africa* (Cambridge University Press, 2021, acceso abierto).

https://merip.org/2024/04/the-struggle-for-sudan/

Traducción para **viento sur:** *Loles Oliván Hijós*

colección crítica& alternativa

Querido verano

Emma Ovín

■ Emma Ovín es una fotógrafa gallega de Moaña, al sur de Galicia, en las Rías Baixas. La cercanía del mar forma parte de su ADN y representa un refugio en el que encontrar la calma. Emma se formó profesionalmente en magisterio y psicopedagogía, y la afición por la fotografía se fue construyendo desde pequeña con interés auténtico y genuino por capturar instantes, usar carretes y revelar. Como el mar, la fotografía la conecta con la persona que realmente es y para llegar a ella siempre busca caminos. En 2016 empezó a cursar clases de fotografía para alejarse del estrés laboral y volver a hacer fotos después de un largo periodo.

La fotografía documental y el *lifestyle* son los principales ámbitos en los que se maneja. Actualmente trabaja en un precioso proyecto que refleja la relación entre abuelos, abuelas y nietos, nietas, fruto de un vínculo muy especial que siempre ha tenido con su abuela. Este es un proyecto que se nutre de amor, una de las fuentes de inspiración de Emma junto con la belleza y el mar. En sus propias palabras: “La belleza está en todas partes, pero me gusta principalmente la que vivimos en el día a día, en la cotidianidad; también encuentro belleza en lo diferente, en lo imperfecto”.

Para alimentar la creatividad también recurre a viajes, lecturas, al cine o a la pintura.

Recientemente esta fotógrafa gallega ha inaugurado una exposición en su tierra natal llamada *Querido verano.* En esta exposición Emma nos invita a participar en una carta de amor hacia esta calurosa época. Esta estación tan ansiada representa para ella un momento en el que todo está permitido y nos volvemos de nuevo niños y niñas guiados por el disfrute. Además, reflexiona sobre la posibilidad de que este espíritu permanezca el resto del año y de que “podamos ser verano en invierno”.

En las fotografías que acompañan este número, y que forman parte de la exposición, podemos ver una ventana abierta al mar en el Malecón de La Habana. En otra de las fotos, la sensación de infinito de un campo en las islas Azores se une a la sensación de infinitud generada por el mar. Con Mallorca como escenario, dos manos se unen en una sombra al calor de una playa. En otra de las imágenes, vemos varias sillas solitarias sobre la arena en Lombok (Indonesia). Por último, una cereza fresca y brillante, descansa sobre la espalda de una persona. La calma, el reposo, la reflexión y la alegría están presentes en cada una de estas instantáneas.

Si queréis seguir el desarrollo de la exposición podéis seguir a Emma a través de este usuario en Instagram: @emma.ovin

Mariña Testas

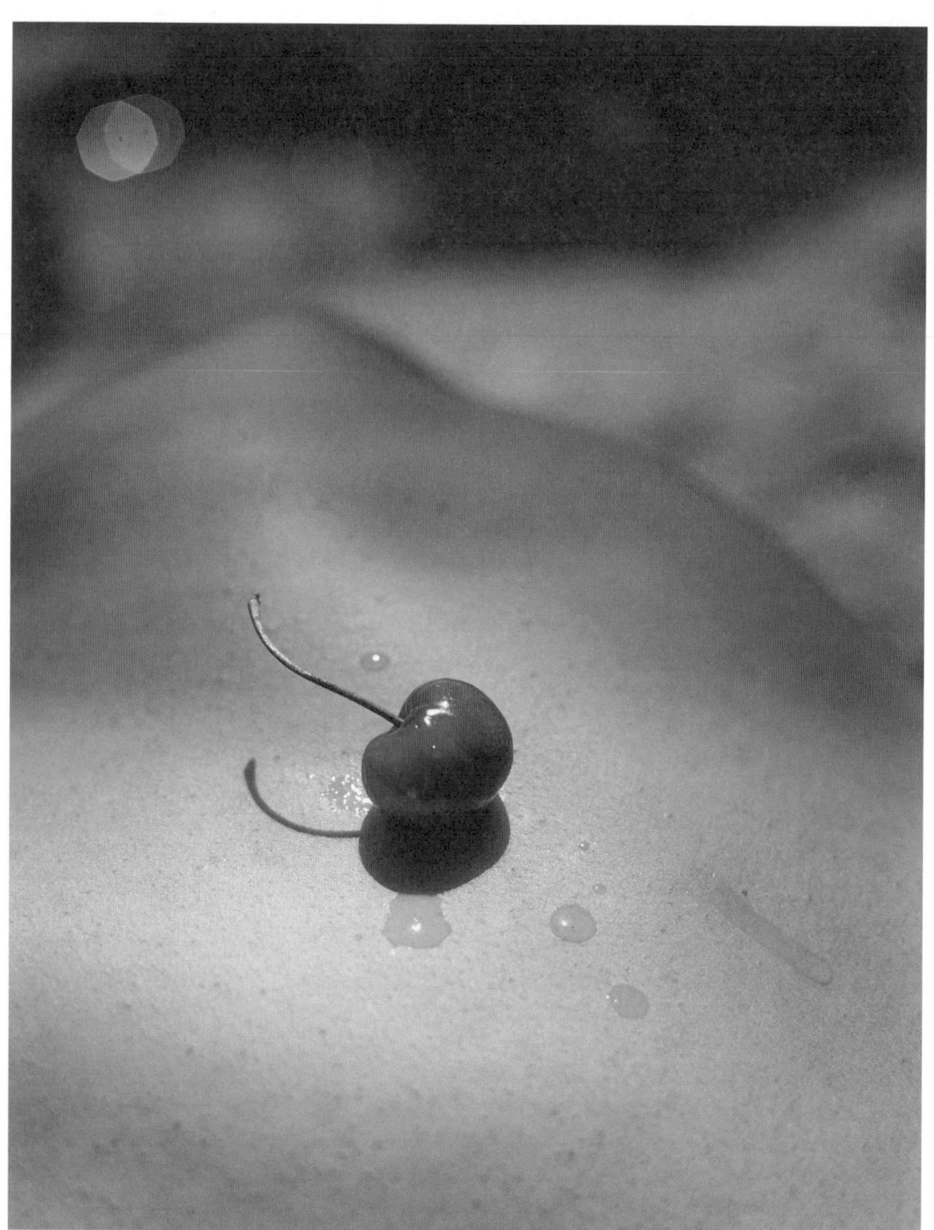

¿El campo en llamas y al borde del colapso? Existen alternativas

Manuel Garí Ramos

■ El anterior **Plural** titulado "*¿Quo vadis* Europa?" se cerraba con un artículo de Morgan Ody, Coordinadora General de la Vía Campesina, cuyo testigo retomamos en éste. Desde hace meses el profundo malestar de las y los agricultores y ganaderos europeos y españoles se ha manifestado en carreteras y ciudades, a la vez que la extrema derecha ha logrado capitalizar políticamente -con un discurso demagógico- buena parte del voto rural, tal y como se ha mostrado tanto en las recientes elecciones para el Parlamento europeo como en las de carácter estatal celebradas en varios países. Tema este que deberá seguir siendo analizado por la izquierda para encontrar las claves que reviertan este estado de cosas.

Y de la mano de los problemas del campo, la Política Agraria Común (PAC) de la Unión Europea -que supone el 40% de los presupuestos comunitarios- camina hacia el fracaso, lo que significa un problema de primer orden para el proyecto neoliberal de la UE, a la vez que es una fuente de nuevos malestares del sector y de posible consolidación de actitudes nacionalistas. Actitudes que ya hoy, con la excusa de las medidas sobre pesticidas, etc., van contra los productos de terceros países no pertenecientes a la UE, pero que también resucitarán el enfrentamiento entre campesinos de diferentes países comunitarios. Mientras tanto, en este escenario sigue habiendo claros ganadores: la agroindustria capitalista y las grandes cadenas de comercialización.

Pero el asunto es más grave para el conjunto de la humanidad. No es preciso volver a destacar que la cuestión de la producción de alimentos es una de las claves de la crisis multidimensional del capitalismo del siglo XXI a escala mundial y se entrelaza con cuestiones como la del cambio climático, que lleva aparejada la desertificación y sus efectos sobre la producción de alimentos, y la disponibilidad de agua dulce tanto para consumo humano como para la agricultura y la ganadería. Y, por tanto, junto a la pervivencia de conflictos sangrientos y dictaduras en buena parte del planeta, está en el origen de grandes fenómenos migratorios que hoy están presentes en el debate político como drama humanitario y como excusa racista y xenófoba de la derecha y la ultraderecha en los países imperialistas y, en concreto, tanto en la UE como en el Estado español.

En el siguiente Gráfico 1, la FAO refleja la subida de los precios de los alimentos a nivel mundial

Gráfico 1. Precios por las nubes

Tras permanecer estables por varios años, los precios internacionales de los alimentos se dispararon debido a las perturbaciones por condiciones meteorológicas extremas y por la pandemia, y siguieron subiendo hasta alcanzar máximos en marzo de 2022 tras la invasión rusa de Ucrania.
(índice de precios reales de los alimentos; 2014–16 = 100)

Fuente: Organización de las Naciones Unidas para la Alimentación y la Agricultura (FAO).

Este incremento se entrelaza con la escasez de alimentos para gran parte de la población, agravada por la pervivencia de conflictos bélicos, y que quedó patente como una de las secuelas más dañinas de la guerra de Ucrania, tal y cómo se puede apreciar en el Grafico 2, en el que el programa Mundial de Alimentos de Naciones Unidas refleja el aumento de personas infraalimentadas.

Gráfico 2. Retroceso de dos décadas

El número de personas con consumo insuficiente de alimentos ha vuelto a niveles observados a comienzos de la década de 2000. (desnutrición, millones de personas)

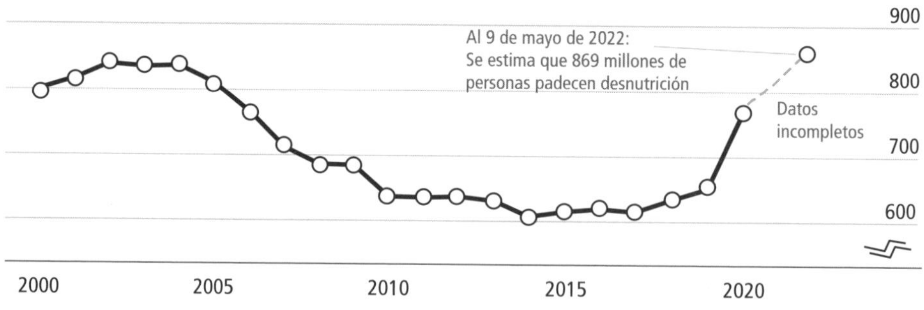

Fuentes: Fuentes: FAOSTAT y Programa Mundial de Alimentos de las Naciones Unidas.
Nota: 2000–2020 corresponde a datos anuales de FAOSTAT. El punto que denota el 9 de mayo de 2022 es una estimación de HungerMapLIVE del Programa Mundial de Alimentos.

Esta situación de desigual reparto de los bienes básicos para la vida humana no es ajena a la existencia de una relación entre el Norte (global) y el Sur (global), o sea, entre las metrópolis imperialistas y los países dependientes y sumamente empobrecidos por el expolio y la división internacional del trabajo reforzada por la orientación de los denominados Tratado de Libre Comercio.

Situación ante la que es conveniente poner en valor el enfoque de José Manuel Naredo y Alberto Fraguas en "¿Por qué hay que ir más allá del crecimiento y de la noción usual de sistema económico?" que bien pueden aplicarse a la cuestión del modelo agrario **1/**. Sin esa perspectiva que pone en cuestión el modelo productivo sucio y depredador (contra la naturaleza) y el modo de producción capitalista (contra los seres humanos) que lo impulsa, es imposible dar respuesta a los problemas del sector agrario tanto en Europa como a escala mundial.

La crisis del agro español y europeo tiene múltiples dimensiones endógenas y exógenas. En opinión de **Carlos Bueno Suarez**, que contribuye a este Plural con el artículo "Subordinación, crisis y transformación del sector agropecuario para la acumulación capitalista", el sector primario, heterogéneo y muy atomizado, se encuentra siempre en el eslabón más débil de su cadena de valor global. Por un lado, las grandes cadenas de distribución comercial constituyen oligopolios de oferta; por otro, las grandes firmas industriales ejercen un fuerte dominio y control de las materias primas para el procesamiento y abastecimiento a otras industrias de transformación, lo que plantea un inquietante interrogante democrático: quién decide qué, cómo y para quién se produce.

Marta Soler Montiel, que ya escribió sobre la PAC –auténtico ojo del huracán del agro durante 2023 como hemos planteado más arriba– en el número 94 de nuestra revista (diciembre de 2007) en el trabajo que tituló "OMC, PAC y globalización agroalimentaria", en el que sentó el marco fundamental de comprensión de la cuestión, vuelve al *lugar del crimen* para descubrir el verdadero rostro de, como titula su trabajo, "La nueva reforma de la Política Agraria Común al servicio de capitalismo verde". Su tesis es clara: una transición agroecológica justa tiene que ser protagonizada por la agricultura familiar y cooperativa a pequeña escala. Pero no se le puede pedir al sector agrario más precario que protagonice en solitario este cambio de modelo en finca que solo puede ser viable si es acompañado por un cambio en el conjunto de la cadena agroalimentaria.

La cuestión de Mercosur y su relación con la Unión Europea fue tratada hace años por el economista argentino Eduardo Lucita en nuestra web **2/**. Mucho ha llovido desde entonces, por lo que de nuevo *revisitamos* la cuestión, esta vez de la mano de otro economista argentino. En "Los dilemas regionales del progresismo", **Claudio Katz** expone una vertiente menos conocida en el Estado español, la de la indefensión institucional de la agricultura y, en

1/ https://espacio-publico.com/por-un-nuevo-modelo-ecosocial-que-trascienda-la-ideologia-dominante-un-reto-desde-la-sociedad-civil

2/ https://vientosur.info/un-acuerdo-entre-dos-bloques-en-crisis/

general, de la economía latinoamericana frente a las potencias imperialistas occidentales en la que incluye a la Unión Europea, pero particularmente a Estados Unidos de América. Instituciones como Mercosur no remontan, y, en opinión del autor, la diversidad de posturas en juego en torno a ese convenio ilustra la plasticidad entrecruzada de intereses del agronegocio y la industria de Europa, Francia, Brasil y Argentina. Esas fuerzas disgregantes afectan tanto al Mercosur como a la Celac. El gran problema radica en que las grandes iniciativas de soberanía regional –en el plano alimenticio, energético o financiero–exigen una firmeza frente al imperialismo estadounidense que el nuevo progresismo no exhibe.

La perspectiva de clase es fundamental para analizar las relaciones comerciales entre diferentes economías nacionales tal como se analiza en algunos de los artículos anteriormente expuestos. Pero a su vez esas *reglas del juego* del comercio mundial tienen repercusiones inmediatas en las condiciones salariales y laborales de la clase trabajadora en cada uno de los países afectados. Esa faceta la abordó Adoración Guamán en nuestras páginas en varias ocasiones, por ejemplo, en “Las consecuencias laborales del TTIP y del CETA” **3/**, hace 8 años y que nuevamente será tratada por la autora en próximos números de la revista y en la web.

Pero hay otro aspecto fundamental en la cuestión agropecuaria que es el conflicto capital/trabajo en torno a la producción de alimentos. Asunto especialmente relevante en el caso del Estado español y muy particularmente en territorios como Andalucía. En la agricultura española, pocas veces, por no decir nunca, se habla de quienes con sus manos y en tierras ajenas plantan, riegan y recolectan frutales, aceitunas y cereales: las y los asalariados autóctonos o provenientes de una emigración denigrada, explotada y degradada. **Mari García**, jornalera, aporta la dimensión de clase del conflicto agrario en su trabajo, significativamente titulado, “Los invisibles en las movilizaciones del campo”. Su conclusión plantea una dura realidad: cuando un sector del campo se echa a la calle reclamando mejores condiciones para el campo, “nosotras seguimos diciendo: mejoras para quién y para qué”. Y afirma que la mayoría de quienes se movilizaron en el campo no abaratan costes con menos fertilizantes, lo abaratan con las y los trabajadores y sus condiciones laborales y de vida, siendo un cultivo social y medioambientalmente insostenible.

Por su parte **Patricia Grela** en su artículo “La agricultura campesina en la transición ecosocialista” defiende que el modelo agrario campesino puede aportar aprendizajes valiosos para organizar una estrategia revolucionaria que permita desarmar al capitalismo y construir un sistema alternativo. El pasado febrero la web de ***viento* sur** publicó un trabajo suyo titulado “Una respuesta ecosocialista al fiasco agroindustrial” **4/**. En este caso, una vez más, incide en sus tesis alternativas y, particularmente, se centra en el caso gallego que conoce profundamente. En el texto trata de establecer

3/ https://vientosur.info/las-consecuencias-laborales-del-ttip-y-del-ceta/
4/ https://vientosur.info/una-respuesta-ecosocialista-al-fiasco-agroindustrial/

un paralelismo entre el desarrollo rural y el proyecto de sociedad que desde el ecosocialismo de matriz anticapitalista se propone.

Francisco Alburquerque Llorens, viejo amigo y compañero de la lucha antifranquista de los esperanzadores años sesenta, en "Frente a la globalización neoliberal: la necesidad de políticas locales de desarrollo" aborda la siempre difícil cuestión de las alternativas frente al desorden neoliberal. Este artículo forma parte de un trabajo más extenso y analítico titulado "Una visión crítica de la globalización neoliberal y la necesidad de políticas locales de desarrollo" en el que trata de divulgar algunas ideas importantes sobre la necesaria *localización* de las actividades económicas fundamentales para la vida humana y el ecosistema medioambiental del que formamos parte. En el mismo se esboza una sistematización de reflexiones críticas realizadas sobre el tipo de *globalización económica* que se nos ha impuesto a partir del poder que poseen las empresas transnacionales y la gran banca internacional, y de los mecanismos que aseguran su asentamiento. El presente artículo centra su atención en el alcance de numerosas iniciativas locales de desarrollo que el autor viene proponiendo y que ya motivan a la acción y la cooperación de diversos movimientos y experiencias sociales.

Y, como siempre, lo más difícil es responder a la vieja pregunta ¿Qué hacer? ¿Cómo lograr el cambio de paradigma hegemónico? ¿Qué alianzas sociales y políticas pueden revertir la situación? ¿Cuál es el horizonte estratégico? Tal como plantea Martin Lallana en "Estrategia ecosocialista en tiempos turbulentos" publicado en la web de ***viento* sur**, "sabemos que en el futuro próximo van a desarrollarse situaciones como incendios masivos, sequías, crisis energéticas, crisis alimentarias, cierres y despidos masivos en centros de trabajo, millones de refugiadas climáticas. A partir de ello, debemos anticiparnos, planificar y aprovechar las coyunturas convulsas del futuro para sumar apoyos masivos a nuestras propuestas de transformación radical de la sociedad. Fortalecer la organización de los sindicatos agrarios de izquierdas en aquellos lugares que se vayan a ver más afectados por la sequía, tejer confianzas previas entre trabajadores y organizaciones políticas en base a propuestas de reconversión para industrias que sabemos que van a cerrar, preparar campañas y acciones que puedan desplegarse rápidamente ante los previsibles incendios del futuro y que orienten la rabia acumulada hacia empresas energéticas fósiles" **5/**.

Y finalmente, porque todo hay que decirlo, esta colección de excelentes aportaciones ha sido posible porque Daniel Albarracín, en medio de la vorágine profesional de un final de curso, ha sacado tiempo para comentar conmigo y darme sugerencias decisivas.

5/ https://vientosur.info/estrategia-ecosocialista-en-tiempos-turbulentos/

1. ¿EL CAMPO EN LLAMAS Y AL BORDE DEL COLAPSO? EXISTEN ALTERNATIVAS

Subordinación, crisis y transformación del sector agropecuario para la acumulación capitalista

Carlos Bueno Suarez

> La burguesía es la responsable de que el campo haya quedado sujeto a la ciudad. Ha construido urbes gigantescas, ha aumentado enormemente la población de la ciudad frente a la de las zonas rurales y, al hacerlo, le ha arrebatado a una significativa parte de los ciudadanos la especificidad local de la vida en el campo. Y del mismo modo que ha obrado en el caso de las zonas rurales con respecto a la ciudad, ha provocado una dependencia de los países bárbaros o semibárbaros con respecto a los países civilizados, de los pueblos campesinos con respecto a los pueblos burgueses, de Oriente con respecto a Occidente.
> Karl Marx-Friedrich Engels. *El manifiesto Comunista.*

■ Desde hace décadas, satisfacer las necesidades alimentarias dejó de ser solo una exigencia vital para la humanidad, en tanto que se convirtió en una gran oportunidad de negocio para el capital. Para ello, los espacios productivos agropecuarios y pesqueros dejan de estar basados en modelos socioeconómicos fundamentados en las características de los ecosistemas naturales y en modos de producción-transformación tradicionales, autosuficientes y sostenibles, orientados a la subsistencia en entornos de proximidad. Estos modelos agropecuarios tradicionales, campesinos, han sido y son progresivamente sustituidos por lo que se conoce como modelos de agricultura moderna globalizados. Grandes y pequeñas explotaciones quedan entonces sujetas a los procesos de valoración de capital a nivel global. Y ya no serán las necesidades alimentarias de los territorios las que determinen qué, cómo y para quién producir, sino la búsqueda de mayores tasas de ganancias que retribuyen a los propietarios del capital, concentrado en grandes corporaciones industriales, comerciales y financieras de carácter multinacional.

Las reglas que gobiernan la estructura de producción, distribución y consumo de alimentos se extienden a nivel planetario, regidas y controladas fundamentalmente desde organismos internacionales multilaterales (G7, G20,

OCDE, Organización para las Naciones Unidas para la Alimentación y la Agricultura...), sus instrumentos de intervención y regulación (FMI, Banco Mundial, Organización Mundial del Comercio...) y los espacios de integración económica y política (Unión Europea, Tratado de Libre Comercio de América del Norte, Mercado Común del Sur, el BRICS...); y son influenciadas, en algunos casos, por grupos sociales de índole académico, ecológico, sindical y, con mayor frecuencia, por grandes *lobbies* corporativos cuyo interés ha sido, es, y será la obtención de mayores dividendos (McMichael, 2016).

En definitiva, en torno a lo que comemos, las decisiones relativas a qué se produce, cómo y para quién, las concernientes a cómo se organiza la producción, transformación, distribución y consumo y las correspondientes a cómo se establecen los precios y se reparten los riesgos, costes y beneficios económicos acaban siendo determinadas por estos poderes corporativos y reguladas, esencialmente, por instituciones supranacionales. Son decisiones que reproducen los modelos centro-periferia en el marco de la actual división internacional del trabajo. Esta circunstancia es inherente al sistema de producción y acumulación capitalista y explica, tal y como veremos a continuación, la sujeción subordinada del campo, de su explotación y empobrecimiento al enriquecimiento de "grandes imperios alimentarios" (Delgado, 2024).

El sector primario, integrado en la estructura económica capitalista, se erige como estratégico por varios motivos:

1. por sustentar el principio de seguridad alimentaria, fundamentalmente para las economías más avanzadas, permitiendo la satisfacción de necesidades vitales a bajo precio;

2. por producir materias primas (*commodities*) que directa o indirectamente sostienen los insumos básicos de industrias de diversa índole, más allá de la alimentaria (alimentos procesados, harinas molturadas...), la textil (algodón, lino, lana, alpaca, seda, cuero...), la energética (biocombustibles...), la farmacéutica, etc.

3. por erigirse en un mercado en sí mismo que, dado sus modos de producción, demanda sus propios *inputs* (semillas, agroquímicos, energía...), maquinaria, tecnologías, transporte, finanzas y otros servicios avanzados.

De modo que otorga grandes oportunidades de negocio a otras actividades productivas, industriales y de servicios, en el rol de suministradores.

La Política Agrícola Común (PAC), en Europa abogaba en sus comienzos, por salvaguardar los principios de soberanía alimentaria y preferencia comunitaria

Podríamos afirmar que en el desempeño de dichos motivos estratégicos se explica, en esencia, por la situación estructural de subordinación del sector primario.

Es cierto que la Política Agrícola Común (PAC) en Europa abogaba, en sus comienzos, por salvaguardar los principios de soberanía alimentaria y preferencia comunitaria, promoviendo una producción propia y diversificada que permitiese satisfacer la demanda alimentaria en el espacio europeo común. No obstante, las tensiones generadas en los mercados internacionales por la presión de los excedentes subvencionados, propios y de terceros países; la búsqueda de estrategias que permitiesen minorar costes de producción de *commodities* y alimentos y contener la inflación (con todo lo que esto implica para favorecer las estrategias de contención salarial); la voluntad de ahorrar o reorientar recursos financieros de la Política Agrícola Común en un contexto de ampliación de la UE hacia el Este; y la presión, a modo de *lobby,* de los *imperios alimentarios* por globalizar los espacios de producción y compra de las materias primas con las que operan, explican la progresiva supresión de barreras arancelarias en el marco de la Organización Mundial del Comercio (OMC).

De este modo, se ha ido intensificando la globalización competitiva de los productos primarios e imponiendo el principio de seguridad alimentaria para disponer de alimentos de cualquier lugar del mundo a bajo precio. La globalización y su extensión a partir de los años 90 a los productos agropecuarios, se erige, por tanto, en un elemento funcional al modelo de competitividad capitalista basado en la minoración de costes.

El sector primario, heterogéneo y muy atomizado, se encuentra siempre en el eslabón más débil de su cadena de valor global

El sector primario, heterogéneo y muy atomizado, se encuentra siempre en el eslabón más débil de su cadena de valor global. Las exigencias competitivas están determinando los modos de producción del sector agropecuario que exigen su continua transformación; modos de producción en los que la o el tradicional agricultor o ganadero, pequeño empresario y trabajador de sus tierras, cada vez encuentra menos posibilidades de supervivencia. La competitividad por la vía del precio les requiere una minoración extrema de sus márgenes por unidad de producto. En un sector atomizado, las y los pequeños productores son los primeros que acaban abandonando (y más aún en producciones de secano), no encontrando relevo generacional para actividades en las que difícilmente cubren costes.

Pero también hay quienes, necesariamente, tratan de intensificar la producción como única salida para lograr rentabilidades basadas en altos volúmenes de venta. Sin embargo, estas dinámicas de intensificación acaban desembocando en espirales de sobreproducción-sobreoferta en los mercados y la consiguiente caída de precios, nuevamente, en perjuicio de las y los productores primarios. De este modo, la producción intensiva que acaba generando grandes excedentes en el sector primario resulta ser funcional a los intereses de otros agentes de la cadena, como la industria y la distribución comercial, fundamentalmente las grandes cadenas de autoservicio, que son, junto a quienes suministran los *inputs*, quienes se terminan beneficiando de este modelo de producción imperante. Les permite minorar sus costes en aras a la obtención de unos mayores márgenes.

Por tanto, la presión constante a la bajada de precios en origen acaba sobreexplotando y degradando la tierra, los recursos hídricos y precarizando el trabajo. Este es un hecho ya presente y estructural del sector primario en el que se obtienen muy pequeños márgenes por unidad de producto, transfiriendo los valores producidos y, con ello, las grandes ganancias, a esos imperios alimentarios que lideran la cadena.

Por ello, cualquier regulación que pretenda controlar y mejorar las condiciones de trabajo o medioambientales en el campo es rechazada por parte de un sector que busca todo resquicio posible con el que poder minorar sus costes en aras a una difícil y apretada supervivencia. Y, sin embargo, las causas de su situación no son los exhaustivos y exigentes controles medioambientales, sino el modo en el que se integra la producción agroganadera y el rol subordinado que le toca desempeñar en la valoración del capital.

Es verdad que las y los agricultores y ganaderos compiten fuertemente entre sí, con gran preocupación por su parte para con sus iguales que están en terceros países, reprochándoles estrategias de *dumping* higiénico-sanitario, medioambiental o laboral. Argumentos que no son nuevos y que se extienden dentro de la propia Unión Europea entre productores del norte frente a los del sur; o argumentos que obvian el *dumping* de sus propias explotaciones en tanto que son objeto de subvenciones de la PAC; o incluso que obvian, o sencillamente desconocen, que los Fondos de Inversión o las empresas que canalizan el capital para la producción primaria en esos terceros países, periféricos, desde los que se importa, resultan ser de procedencia occidental (incluso del mismo país que importa, o de la propia UE en nuestro caso). Y lo que puede resultar aún más llamativo: estos argumentos obvian el hecho de que una gran parte de la producción de quienes se quejan de las importaciones resulta ser exportada.

Lo cierto es que esta intensa y extensa competencia en la base productiva, en el sector primario, es la que fuerza a una sobreoferta, siendo funcional a la acumulación capitalista. Y es que, los actores se disputan sus márgenes entre los distintos eslabones de la cadena global de valor. Y ahí se manifiestan relaciones de dominio, no de competencia, sobre las y los productores agropecuarios. Sus precios de venta son los costes del siguiente eslabón, el de la industria de transformación o el de la distribución comercial. Por tanto, las y los productores en origen, atomizados y repartidos por todo el planeta, incapaces de fijar precios, disputan sus márgenes con una industria o una gran distribución moderna que conforma grandes oligopolios de demanda. Y éstas, en cumplimiento de la lógica capitalista, desempeñan sus estrategias de presión a la baja de lo que son los costes de sus *inputs*.

Las grandes cadenas de distribución comercial (Walmart, Grupo Schwarz, Carrefour, Tesco PLC...) también tienden a conformar, en lo que respecta a los productos agroalimentarios, oligopolios de oferta. Cierto es que compiten de forma intensa entre sí, pero, aun así, cada vez se reparten más cuota de mercado a costa del pequeño comercio tradicional. También, grandes firmas industriales (Cargill, ADM-Archer Daniels Midland, Louis Dreyfus Company, Bunge) ejercen, desde posiciones oligopolísticas, un fuerte dominio y control de las materias primas para el procesamiento y abastecimiento a otras industrias de transformación (de alimentación procesada, bioquímicas, etc.) o, nuevamente, para el propio sector primario en forma de *inputs* para el cultivo o la ganadería, acuicultura, avicultura, etc. Lógicamente, éstas también persiguen mejorar sus márgenes presionando a la baja sus costes y, por ello, repercutiendo en los precios de venta de las y los productores primarios en origen.

Para mayor agravamiento, el modelo de producción primaria imperante resulta ser muy dependiente de las semillas y los agroquímicos. Y, nuevamente, grandes multinacionales controlan, también a modo de oligopolio, este mercado: Bayer, Syngenta, Corteva, BASF, UPL y MFC (Shand *et al.*, 2022).

La debilidad de las y los agricultores y ganaderos es el resultado combinado de la anchura del eslabón de la cadena de valor en la que éstos se sitúan y donde compiten de forma intensiva entre sí en un espacio ampliamente globalizado, con la estrechez de los eslabones oligopolísticos entre los que quedan atrapados. Sometidos a los precios impuestos por quienes les suministran los *inputs*, que conforman un oligopolio de oferta, y a los precios impuestos, fundamentalmente, por la industria agroalimentaria de *commodities* y la Gran Distribución Moderna que, desde la perspectiva del sector primario, ambos conforman un oligopolio de demanda. Costes y precios de venta de la agricultura y la ganadería, actividades productivas de base de la alimentación, quedan sujetas, fundamentalmente, a la decisión de grandes poderes corporativos empresariales y, principalmente, a la lógica mercantil de la ganancia que empuja a la concentración de capital.

Costes y precios de venta de la agricultura y la ganadería quedan sujetas a la decisión de grandes poderes corporativos empresariales

De este modo, un alza en los precios de determinadas materias primas, como el petróleo o los fosfatos, encarece los costes del eslabón de la producción primaria agroalimentaria; pero la debilidad de las y los productores agropecuarios para repercutir sus costes en sus precios, mitiga, aún más si cabe, los pequeños márgenes con los que subsistían. Y es entonces cuando parece surgir el estallido social del campo; es entonces cuando culpabilizan a sus iguales en terceros países o a lo que catalogan como burocracia o costes para el control medioambiental. Mientras, los actores que conforman los *imperios alimentarios* prolongan sus dinámicas de acumulación.

Atraídos por las ganancias que genera el sistema agroalimentario se mantienen los grandes terratenientes o la burguesía industrial agroalimentaria, pero también surgen nuevos y muy relevantes actores, grandes inversores en forma de multinacionales y, sobre todo ahora, grandes Fondos de Inversión (Blackrock, State Street, Vanguard, Allianz Group, Fidelity Investments...), con una presencia cada vez más destacada y pretendiendo aplicar estrategias de integración vertical.

El sistema agroalimentario también se financiariza, alcanzando un relevante protagonismo las empresas tecnológicas y financieras. De modo que, entre otros activos del negocio agroalimentario, van adquiriendo y concentrando superficies agrarias cultivables, aprovechando la debilidad de quienes no disponen de suficiente capacidad productiva o inversora como para rentabilizar una actividad primaria de tan bajos márgenes por unidad de producto. Se genera, asimismo, un mercado acaparador/especulativo en torno a las tierras de cultivo, que las encarece y las hace inalcanzables para aquellas o aquellos pequeños productores que traten de aumentar su dimensión productiva. Estas dinámicas especulativas se agravan con la puja de grandes corporaciones energéticas, en algunos casos en manos de los mismos fondos de inversión mencionados, cuyo interés es darle uso a la tierra para plantas solares, eólicas o extensiones de cultivo para biocombustible.

Lo cierto es que son los grandes capitales los que acaban apropiando, acumulando y concentrando las tierras de cultivo y ganaderas. Y son éstos los que, además, acaban acaparando la mayor parte de las subvenciones de la PAC que, asimismo, les permiten cubrir los costes de producción aprovechando sus economías de escala. En dichas manos y niveles de concentración, se faculta la mayor mecanización e intensificación que impulsa altos volúmenes de producción y ventas a muy bajos precios, aniquilando definitivamente a las y los pequeños supervivientes, trasladando, de este modo, la apropiación de mayores valores añadidos hacia las grandes corporaciones industriales y comerciales del sistema agroalimentario, en las que también están presentes, como accionistas, los grandes fondos de inversión.

Con todo ello, los modelos de producción agropecuaria requieren cada vez menos fuerza de trabajo. Finanzas, maquinaria y tecnología capitalizan e *industrializan* el campo. Las zonas se despueblan aún más si cabe, se desnaturalizan y sufren un deterioro ecológico de no retorno. Se imponen las grandes extensiones de monocultivos que requieren de muy poca fuerza de trabajo, sujeta a condiciones muy precarias. Eso sí, generando grandes ganancias a un capital cada vez más concentrado.

Carlos Bueno-Suárez es licenciado en Ciencias Económicas y Empresariales y Doctor en Economía Regional. Profesor de Economía Aplicada en la Universidad de Sevilla, imparte docencia, entre otras materias, de Estructura Económica Agraria y Comercialización de Productos Agrarios (cbsuarez@us.es).

Referencias

Delgado, Manuel (2024) "Doñana y el campo andaluz", *lamarea.com,* 12/03/2024.
McMichael, Philip (2016) *Regímenes alimentarios y cuestiones agrarias.* Barcelona: Icaria.
Shand, Hope; Wetter, Kathy Jo y Chowdry, Kavya (2022) *Food Barons 2022 Crisis Profiteering, Digitalization and Shifting Power.* ETC-Group.

2. ¿EL CAMPO EN LLAMAS Y AL BORDE DEL COLAPSO? EXISTEN ALTERNATIVAS

La nueva reforma de la política agraria común al servicio del capitalismo verde

Marta Soler Montiel

■ La nueva Política Agraria Común (PAC) comenzó a aplicarse en España en el año 2023 y ha estado en el centro de las protestas agrarias de este año a la vez que continúa siendo objeto de debate político, tanto institucional como entre los movimientos sociales. Albert Massot (2022) identifica tres etapas en la evolución de la PAC. Una primera, hasta 1992, orientada al productivismo agrario, una segunda, entre 1992 y 2023, de reformas para adaptar la PAC al nuevo contexto de la globalización, y una tercera etapa que se abre con la reciente reforma de la PAC centrada en la sostenibilidad ante el reto del cambio climático. Siguiendo este esquema temporal, en este artículo hago algunas reflexiones críticas sobre la nueva PAC, centrando la atención en las contradicciones de esta política para poder avanzar en una transición agroecológica con justicia social. Mi argumento central es que, sin un compromiso político real de redistribución radical de las ayudas para reorientarlas hacia un nuevo modelo agroecológico del sistema agroalimentario en su conjunto, la llamada *nueva arquitectura verde* de la PAC va a contribuir a profundizar y acelerar la concentración económica en el campo al servicio del capitalismo verde.

Los inicios de la PAC productivista

Los objetivos de la PAC se definieron inicialmente en el Tratado de Roma de 1957 y el primer diseño de ayudas se aplicó en 1962, que se mantuvo hasta 1992 con algunos cambios menores. Se trataba de una política de precios garantizados y de intervención de mercados que estimuló la difusión de la capitalización agraria, ya que las fincas buscaban aumentar la producción para maximizar los ingresos. Esta transición a la agricultura industrializada de la denominada *revolución verde* **1/** implicó la crisis de los manejos y organizaciones socioeconómicas campesinas, imponiéndose nuevas formas empresariales orientadas al mercado que reforzaron las dinámicas patriarcales en el campo y generaron un fuerte impacto ambiental. La PAC de esta primera etapa contribuyó de forma decisiva a este cambio al servicio de la industrialización y del consumo en masa al garantizar el abastecimiento alimentario urbano a bajo precio, aunque con un creciente coste ambiental oculto. A la vez que se liberó mano de obra del campo, que emigró para incorporarse a la industria y a los servicios, el abaratamiento de la alimentación contribuyó a liberar poder de compra de la clase trabajadora para productos industriales, impulsando la dinámica de crecimiento económico en la segunda mitad del siglo XX.

Las subvenciones de la PAC ¿para quién y para qué?

El modelo agroganadero industrializado continúa siendo el dominante en la actualidad, aunque inserto en cadenas agroalimentarias globalizadas y en crisis. Formalmente, desde su inicio, las ayudas de la PAC se han abonado a quienes realizan actividades agroganaderas. Sin embargo, es importante tener presente que este dinero queda poco tiempo en manos de agricultores y ganaderos, ya que estas ayudas se destinan en buena medida a la compra de insumos agroganaderos y terminan rápidamente en manos de las principales corporaciones de semillas, fertilizantes, fitosanitarios, piensos, maquinaria, etc. Por otra parte, una vez liberados los precios de venta agroganaderos en las últimas reformas, las ayudas permiten la venta de los productos a la industria y a la distribución a precios reducidos. Esto se traduce en un reducido valor añadido y una limitada renta agraria, sostenidas por la PAC, que son piezas fundamentales para los beneficios empresariales de las principales corporaciones agroalimentarias (ETC, 2022).

Pese a no ser los verdaderos beneficiarios, las subvenciones de la PAC, hoy como ayer, garantizan la renta agraria. El sector no deja de decirlo: sin subvenciones la mayoría de las explotaciones no serían viables. Hay que añadir que no serían viables con sistemas de manejo intensivos e integradas en cadenas globales de valor donde se produce un doble estrangulamiento del sector agroganadero: entre el oli-

1/ En España esta transición a la agricultura industrializada comienza durante el franquismo y la PAC viene a consolidarla a partir de 1987 en un contexto de crisis y cambio hacia la globalización económica.

gopolio de los insumos y de la industria de transformación y el de la distribución comercial, verdaderos beneficiarios de la PAC.

La inserción de la PAC en la globalización

La PAC se reformó entre 1992 y 2023 con la finalidad de adaptarse al nuevo contexto de la globalización presionada por las exigencias del Acuerdo Agrario de la Organización Mundial de Comercio (OMC). Además de reducir aranceles para fomentar el comercio internacional, la Unión Europea (UE) firmó el Acuerdo Agrario de la OMC comprometiéndose a reducir el gasto en las ayudas agrarias y liberar los precios agrarios. Todos estos cambios respondían a las nuevas exigencias de las empresas multinacionales que impulsan la globalización agroalimentaria. Las pequeñas explotaciones agroganaderas, en todo el mundo, se vieron sometidas a una competencia internacional sin precedentes que explican la creación de La Vía Campesina en defensa de la soberanía alimentaria como propuesta política alternativa.

Las pequeñas explotaciones agroganaderas, en todo el mundo, se ven sometidas a una competencia internacional sin precedentes que explican la creación de La Vía Campesina en defensa de la soberanía alimentaria

En ese momento comenzó la retórica verde de la PAC para justificar las subvenciones ante la OMC con la finalidad de evitar un ajuste brusco en el sector agrario europeo, defender la capacidad productiva y consolidar la posición de dominio en los mercados agroalimentarios globales de la UE (Soler Montiel, 2007). Las medidas vinculadas a la protección medioambiental y al desarrollo rural son prácticamente las únicas medidas que la OMC considera que no distorsionan los mercados. Los precios garantizados desaparecen en sucesivas reformas y son sustituidos, primero, por pagos directos por hectárea o cabeza de ganado en 1992 y, más tarde, por ayudas *desacopladas* en forma de *derechos,* que son pagos por hectárea con importes variables según las ayudas pasadas de cada agricultor o agricultora. En la reforma de 2003 se aplicó inicialmente el *pago único* y en la reforma de 2013 el *pago básico* con unos importes muy reducidos, ya que se repartían con un *pago verde* en una reforma *multipago* con requisitos crecientes. Las exigencias para cobrar las ayudas aumentaron, sobre todo, a partir de 2003 con las normas de condicionalidad que incluyen requisitos legales de gestión y buenas prácticas agrarias que hacen admisibles las ayudas de la PAC ante la OMC.

La inserción del sector agroganadero europeo en la globalización se resume en precios inciertos y, en muchos casos, decrecientes en mercados globales, en costes de producción crecientes en modelos cada vez más dependientes de insumos industriales y en menor autonomía debido a la inserción subordinada en las cadenas agroalimentarias globales. A ello se unen unas ayudas de la PAC de importe decreciente y cada vez más selectivas, con crecientes requerimientos burocráticos y exigencias *verdes*, como es el caso de la diversificación de cultivos, las superficies de interés ecológico o la condicionalidad. El rechazo del sector agroganadero a las medidas ambientales de la PAC se explica por una confluencia de factores que incluyen el que se asocien a costes crecientes y sin beneficios monetarios inmediatos, a la ausencia de un asesoramiento técnico eficaz, dada la falta de voluntad política, y a las presiones políticas de las corporaciones de insumos agrícolas que veían amenazado su mercado.

Desde una perspectiva ecológica, estas exigencias han sido acusadas de *retórica verde*, ya que el sector las ha adoptado sin convicción y realizando los mínimos cambios formales necesarios para seguir cobrando el mayor importe posible de las ayudas de la PAC, además de porque hay evidencias de que estos cambios en la PAC no han implicado mejoras medioambiente (Tribunal de Cuentas Europeo, 2021). La transición agroecológica en la UE sigue siendo lenta, ya que predomina la agricultura ecológica empresarial con orientación exportadora e inserta en las cadenas globales de valor frente a las producciones agroecológicas a pequeña escala orientadas a mercados locales que continúan siendo minoritarias. Sin embargo, en esta etapa, la UE consolida su posición de dominio en los mercados agroalimentarios globalizados compartiendo con Estados Unidos la posición de primeros importadores y exportadores de alimentos en términos monetarios.

La nueva PAC ante el reto de la sostenibilidad agroalimentaria con un presupuesto menguante

Para comprender la nueva PAC es importante contrastar lo que se dice y lo que se hace. En el nuevo Marco Financiero Plurianual 2021-2027, la UE toma la decisión de no aumentar el presupuesto europeo en su conjunto, siendo el presupuesto para el año 2027 solo un 1% mayor al del 2021 y con presupuestos menores para los años intermedios. Para la PAC la decisión es recortar, siendo el presupuesto de 2027 un 13,7% inferior al de 2021, pasando de representar el 34% del presupuesto europeo en 2021 al 29% en 2027 (Comisión Europea, 2019).

Sin consenso y ni siquiera debate institucional explícito sobre el modelo agroalimentario hacia el que se quiere avanzar, y con un presupuesto de la PAC menguante, parece claro que el reto de la sostenibilidad agroalimentaria se pretende afrontar con un ajuste de mercado y no con una política activa de transición agroecológica sostenible con criterios de justicia social. Esto se pone de manifiesto si prestamos atención a las contradicciones asociadas a las principales medidas de la nueva PAC.

La Ayuda Básica a la Renta para la Sostenibilidad de la nueva PAC

El sistema de derechos de ayudas directas de la PAC en las reformas anteriores se ha adaptado en la nueva reforma con el nuevo nombre de Ayuda Básica a la

Renta para la Sostenibilidad (ABRS). En la anterior PAC se habían definido 50 regiones de pago con el objetivo de ir avanzando hacia la convergencia del importe de estas ayudas directas dentro de estas regiones. La nueva PAC ha reducido las regiones a 20 y exige una mayor convergencia de los importes de los derechos para el cobro de la ABRS, lo que ha generado una fuerte oposición por parte de quienes están viendo reducirse sus ayudas.

Esta convergencia de los importes de los derechos se ha mezclado, confundiéndose, con el debate sobre la equidad en la distribución de las ayudas. En la actualidad la propia UE reconoce como problema el que el 80% de las ayudas se concentren en el 20% de las personas beneficiarias. Esta desigualdad es estructural a la PAC y se ha mantenido a lo largo de las distintas reformas. Inicialmente, en un contexto productivista, las grandes propiedades eran las que más producían, no tanto (o no solo) por los mayores rendimientos, sino por las mayores superficies, por lo que acaparaban las ayudas en un sistema de precios garantizados. Esto hizo que, además, muchas tuvieran elevados importes de derechos, aunque esto variaba según territorios y cultivos. Al pasar al modelo de *pagos desacoplados*, el número de derechos reconocidos se vinculó a las *hectáreas admisibles*, por lo que la distribución de las ayudas se mantuvo a favor de las grandes explotaciones **2/**. Al desacoplar las ayudas de la producción se permitió cobrar cuantiosas ayudas en grandes explotaciones semiabandonadas que eran titulares de derechos de ayuda. Esto supuso un agravio comparativo adicional para la agricultura a pequeña escala cuyo sustento dependía de poca superficie y que frecuentemente buscaba subsistir con estrategias productivistas aumentando los rendimientos.

En el debate político se obvia que por mucho que converjan los importes de derechos en las regiones **3/**, se mantendrá la desigualdad en la distribución de las ayudas PAC, que continúan ligadas a la superficie y por tanto a la desigual propiedad de la tierra **4/**. Sin embargo, la convergencia de los importes medios de los derechos se ha confundido con el debate sobre la desigual distribución de las ayudas de la PAC, aunque ni lo soluciona ni lo mejora, pese a generar trasvases de dinero entre personas beneficiarias con criterios más transparentes y actualizados. Por este motivo, organizaciones defensoras de la agricultura a pequeña escala, como la Coordinadora Europea de La Vía Campesina, proponen poner fin al sistema de ayudas directas vinculadas a derechos a favor de otras ayudas de la PAC que premien prácticas y manejos, combinando criterios ambientales y sociales, como la generación de empleo estable de calidad en las fincas.

2/ Los derechos se reconocían a quien realizaba la actividad, aunque fuera en tierras arrendadas y aunque la mayor parte de los derechos estuvieran vinculados a la propiedad y, en todo caso, a las grandes explotaciones.

3/ Lo que también ha generado debate sobre las diferentes estructuras de costes según cultivos, localizaciones y estilos de manejo.

4/ La nueva PAC incorpora un pago redistributivo que es muy poco redistributivo, ya que lo cobran todas las explotaciones grandes y pequeñas, que consiste en un importe diferencial por tramos de superficie con pagos mayores para los primeros tramos. En España esta transición a la agricultura industrializada comenzó durante el franquismo y la PAC viene a consolidarla a partir de 1987.

La *nueva arquitectura verde* de la PAC

La nueva PAC fortalece las exigencias ambientales con dos mecanismos. Por una parte, la *condicionalidad reforzada* que transforma en normas de obligado cumplimiento las exigencias, en principio opcionales, del *pago verde* de la reforma anterior. Mantener cubiertas vegetales en cultivos permanentes o las exigencias mínimas de rotación y diversificación de cultivos se hacen obligatorias. Por otra parte, a las ayudas agroambientales, que son ayudas de desarrollo rural del segundo pilar de la PAC, se han sumado los ecorregímenes o ecoesquemas, que son ayudas directas por hectárea del primer pilar vinculadas a la realización de prácticas medioambientales. No acogerse a estas ayudas implica, para quienes han venido cobrando las ayudas directas de la PAC, importantes reducciones en los importes, que se viven como una imposición.

A estos cambios se han sumado los objetivos de la "Estrategia europea de la granja a la mesa", que es la pata agroalimentaria del Pacto Verde europeo (Comisión Europea, 2020), que fijan la reducción en un 50% de los plaguicidas químicos y en un 20% los fertilizantes inorgánicos para conseguir una reducción del 50% de las pérdidas de nutrientes, una reducción del 50% de la venta de antimicrobianos y un aumento del 25% de la agricultura ecológica (que no agroecológica). Sin una financiación estable adicional, sin asesoramiento, sin un plan de transición claro e inclusivo y sin ayudas específicas para las fincas de menor tamaño, estos objetivos implican un fuerte ajuste de mercado que expulsará a las fincas de menor tamaño.

Tanto los ecorregímenes como las ayudas agroambientales son ayudas pagadas por hectárea que benefician en mucha mayor medida a las grandes propiedades, que pueden aprovechar las economías de escala y, además, son quienes tienen la capacidad técnica y económica para cumplir las nuevas exigencias sin por ello sacrificar sus estrategias de intensificación. Por otra parte, afrontar nuevas prácticas requiere formación y asesoramiento, así como capacidad económica para asumir las transiciones. Además, los ecorregímenes se han abierto a todo el sector agroganadero y no solo a quienes recibían ayudas directas vinculados a los derechos. En un contexto de ajuste presupuestario, ello implica la reducción de ayudas para las y los beneficiarios históricos de la PAC, lo que afecta en mayor medida a las producciones a pequeña escala.

Así, por ejemplo, un olivar superintensivo en regadío, sin apenas mano de obra y con cubierta vegetal en grandes extensiones, puede cumplir con mayor facilidad esos criterios y recibirá un mayor volumen de ayudas que un olivar familiar a pequeña escala que ha seguido una estrategia de intensificación e integración en cadenas globales, que se enfrenta a nuevas prácticas que desconoce y depende de un servicio de asesoramiento, sin formación adecuada, de unas organizaciones agrarias posicionadas políticamente contra estas medidas. Además, si la gran empresa se ha certificado como ecológica, practicando la sustitución de insumos, mientras la agricultura familiar todavía ni siquiera practica la lucha integrada de plagas, las diferencias de ayudas agroambientales a favor de la gran propiedad serán aún mayores.

Con ayudas decrecientes, pagos por hectárea que favorecen a las grandes propiedades y sin servicios eficaces de asesoramiento agroecológico para las producciones a pequeña escala, para las pequeñas fincas la *nueva arquitectura verde* de la PAC representa importantes barreras de entrada a los nuevos mercados del capitalismo verde. Dicho de otro modo, en la práctica, estos requisitos son incentivos para el abandono de la actividad de las unidades más pequeñas, eliminando competidores para las grandes explotaciones y favoreciendo la concentración económica del sector.

Esto explica el rechazo de una parte importante de la agricultura y ganadería familiar a la nueva PAC, que ha sido aprovechado por otros agentes del sistema agroalimentario y, sobre todo, por los partidos de extrema derecha. Las grandes multinacionales de los insumos agrarios se presentan como aliadas del sector agrario, aunque en defensa de las ventas de sus productos que se ven amenazadas con los objetivos ambientales. El sector agrario empresarial, que con manejos intensivos ahorra mano de obra utilizando estos *inputs* industriales, ve amenazados sus negocios y aquí se mezclan grandes y pequeños, aunque la mayoría de los pequeños trabajen directamente sus tierras. Sin embargo, las grandes empresas agrarias tendrán mayor capacidad técnica y económica, además de mayores ayudas de la PAC, para adaptarse al capitalismo verde.

Reflexiones finales

Sin fortalecer los sistemas de asesoramiento para la transición agroecológica y con el actual mecanismo de distribución de las ayudas ligado a las hectáreas, la nueva arquitectura verde de la PAC va a impulsar un ajuste de mercado que expulsará a la agricultura intensiva de pequeña escala, estimulando la concentración económica y el capitalismo verde.

Una transición agroecológica justa tiene que ser protagonizada por la agricultura familiar y cooperativa a pequeña escala dando protagonismo a mujeres, jóvenes y población inmigrante en plano de igualdad

Una transición agroecológica justa tiene que ser protagonizada por la agricultura familiar y cooperativa a pequeña escala dando protagonismo a mujeres, jóvenes y población inmigrante en plano de igualdad. Pero no se le puede pedir al sector agrario más precario que protagonice en solitario este cambio de modelo en finca, que solo puede ser viable si es acompañado por un cambio en el conjunto de la cadena agroalimentaria. Solo garantizando nuevos mercados locales que aporten estabilidad y rentas dignas a los nuevos estilos de manejo y a los procesos de transición podremos avanzar en esta necesaria transición. Ello requiere otra PAC, voluntad política para un cambio profundo para construir sistemas agroecológicos locales para la soberanía alimentaria y una sociedad comprometida desde la cotidianidad de sus cestas de la compra y sus platos de comida.

Marta Soler Montiel es profesora de economía agraria en la Escuela Técnica Superior de Ingeniería Agronómica de la Universidad de Sevilla y del Máster de Agroecología de la Universidad Internacional de Andalucía (UNIA). Sus líneas de investigación abarcan la agroecología, la economía ecológica y los feminismos desde perspectivas decoloniales. Forma parte del Consejo de Redacción la revista *Economía Crítica.*

Referencias

Comisión Europea (2019): "Multiannual Financial Framework 2021-2027". https://commission.europa.eu/system/files/2021-01/mff_2021-2027_breakdown_2018_prices.pdf

Comisión Europea (2020): "Farm to Fork Strategy". https://food.ec.europa.eu/horizontal-topics/farm-fork-strategy_en?prefLang=es

ETC (2022): Barones de la alimentación https://etcgroup.org/es/content/food-barons-2022-es

Massot, Albert (2022): "Sesenta años de Política Agraria Común. El lanzamiento de la PAC 3.0 bajo el síndrome de Ucrania", *Anuario de Agricultura Familiar,* pp. 76-82, Fundación de Estudios Rurales. https://www.upa.es/Anuario2022/14-AlbertMassotMarti.pdf

Soler Montiel, Marte (2007): "OMC, PAC y globalización agroalimentaria", ***viento* sur,** 94, pp. 37-45. https://vientosur.info/omc-pac-y-globalizacion-alimentaria/

Tribunal de Cuentas Europeo (2021): "Informe Especial 16/2021: La política agrícola común y el clima - Las emisiones procedentes de la agricultura no disminuyen, aunque supongan la mitad del gasto de la UE relacionado con el clima". https://www.eca.europa.eu/es/publications?did=58913

3. ¿EL CAMPO EN LLAMAS Y AL BORDE DEL COLAPSO? EXISTEN ALTERNATIVAS

Los dilemas regionales del progresismo

Claudio Katz

■ Desde su llegada a varios gobiernos, los exponentes del nuevo curso progresista han auspiciado el relanzamiento de la integración regional. Estas tentativas involucran especialmente a la Comunidad de Estados Latinoamericanos y Caribeños (Celac). Ese organismo surgió en el año 2010, impulsado por los referentes del progresismo anterior. Esos promotores conformaron, por primera vez, una institución integrada por los 33 países de la región, con la presencia de Cuba y la exclusión de Estados Unidos.

En la década pasada, los artífices de la restauración conservadora congelaron esa iniciativa y bloquearon el funcionamiento de la Unión de Naciones Suramericanas (UNASUR). Este último organismo perdió 7 de sus 12 integrantes originales y estuvo al borde la clausura cuando el presidente de Ecuador auspició el cierre de su sede en Quito.

En el 2022, López Obrador motorizó el primer resurgimiento de la Celac y a principios de 2023 se consumó su revitalización en Buenos Aires. A este evento concurrieron dos mandatarios de centroizquierda recientemente electos (Lula, Petro), junto a otros surgidos de comicios previos (Luis Arce, Boric, Xiomara Castro) y su delegado del referente centroamericano (López Obrador). El anfitrión, Alberto Fernández, sumó además al exponente de un proceso revolucionario (Díaz Canel) y a voceros del presidente más impugnado por el *establishment* regional (Maduro).

¿Se recompondrá el Mercosur?

La centralidad que tuvo el presidente mexicano en el primer encuentro de la Celac fue sustituida en la segunda reunión por el estrellato de Lula. Esa gravitación sintonizó con la estrategia propiciada por el mandatario brasileño para recuperar el protagonismo regional de Brasil estrechando lazos con Argentina.

El motor de ese relanzamiento fue la reconstitución del Mercado Común del Sur (Mercosur). Lula suscribió con su par argentino un ambicioso acuerdo para recrear la integración de ambas economías en 15 áreas, complementadas por 14 ejes de convergencias políticas. Por esa vía, intentó reposicionar a su país al frente de la región en las negociaciones con las grandes potencias.

Pero esa revitalización del Mercosur exige recomponer, de manera previa, el equilibrio interno en Brasil entre dos sectores capitalistas muy disímiles: los agroexportadores y los industriales. Lula, con el reinicio de las negociaciones para concretar el acuerdo de libre comercio del Mercosur con la Unión Europea, apuntala al primer segmento. Macri y Bolsonaro estuvieron a punto de firmar ese convenio en 2019, pero no lograron vencer las prevenciones del protegido agro europeo (especialmente francés) contra el potencial aluvión de exportaciones competitivas desde América del Sur.

Lula buscó el acompañamiento de Argentina (y del agronegocio de Argentina) para llegar a un arreglo. Propuso cláusulas ambientales que resguarden a los socios del Viejo Continente de una inundación de mercancías provenientes del Nuevo Mundo. Esas normas prohibirían exportar alimentos generados en las zonas deforestadas, lo que introduciría una autorrestricción al volumen de productos embarcados.

La gran campaña de Lula contra los latifundistas –que expanden la soja y la ganadería mediante la devastación de la Amazonia–, combina la protección del medio ambiente con una limitación de las exportaciones a Europa. El mandatario ya logró el desbloqueo de fondos internacionales para el resguardo ambiental y promete conectar cualquier incremento de las ventas externas a la mayor productividad del sector (y no a la extensión de la frontera agropecuaria).

La gran campaña de Lula contra los latifundistas combina la protección del medio ambiente con una limitación de las exportaciones a Europa

Pero la Unión Europea exige mayores garantías de restricción exportadora y presiona alegando su preocupación por el medio ambiente. Con ese pretexto, amenaza con sancionar a los países sudamericanos que violen los parámetros de resguardo climático fijados por el Viejo Continente.

Por su parte, los industriales de São Paulo son reacios a un convenio con Europa que no abre nuevos mercados e involucra el riesgo de adversas importaciones. Obtuvieron, en cambio, enormes beneficios con el relanzamiento del Mercosur. Los fabricantes paulistas se lucran con esa unión aduanera en el sector automotriz y son los candidatos a obtener mayores ganancias en las ramas que serían incentivadas en las próximas negociaciones (naval, textil, calzado).

Brasil es el cuarto mayor inversor extranjero en Argentina y los capitalistas de su industria usufructúan del déficit comercial que afronta su socio fronterizo. El empresariado paulista apuntala esos negocios mientras motoriza la incorporación de nuevas líneas de exportación (aprovisionamiento bélico) a los acuerdos del Mercosur.

Lula también incentivó el uso de un mecanismo de financiación del comercio interregional a través de una unidad de cuenta que ya existe, pero que hiberna desde 2008. Ese instrumento permite acotar el uso de dólares para el intercambio entre los dos países mediante créditos otorgados y compensados por los bancos centrales, utilizando un medio de pago propio.

El promocionado signo común (Sur) cumpliría, en los hechos, esa función y complementaría los mayores créditos que proveería Brasil a su cliente argentino para financiar las consiguientes exportaciones.

Este esquema es muy corriente en la actividad comercial de otras regiones y tuvo un esbozo en los países de la Alianza Bolivariana para los Pueblos de Nuestra América (ALBA) con el Sucre [Sistema único de compensación regional]. Pero se encuentra muy lejos de la moneda común o el fondo de estabilización compartido que cimentaría una Nueva Arquitectura Financiera. Por ahora, favorece un gran incremento de las ventas del empresariado brasileño.

Debilidades estructurales

Las propuestas financieras de Brasil aportan un desahogo inmediato a la falta de divisas que padece Argentina para la provisión corriente de sus importaciones. Esta carencia es consecuencia de la asfixiante supervisión que ejerce el Fondo Monetario Internacional (FMI) sobre sus menguantes reservas.

Pero nadie sabe cómo garantizaría el Banco Central de ese país los compromisos que entraña el convenio. Otro interrogante son los efectos del mayor déficit en el comercio industrial que anticipa el acuerdo. Ciertamente, existe una correlación positiva entre el crecimiento de Brasil y el Producto Bruto Interno (PBI) de Argentina. Pero la locomotora paulista opera mediante la subordinación de su vecino del sur.

Esa sujeción económica se afianzará con la financiación brasileña de la ampliación del gasoducto argentino que distribuye el combustible generado en Vaca Muerta. Ese abastecimiento energético –que llegaría a Porto Alegre a precios competitivos– es el principal atractivo inmediato de la renovación del Mercosur para los industriales brasileños. Esos fabricantes se enfrentan a la declinante oferta del gas boliviano, muy afectado por el agotamiento de sus reservas.

En un plazo muy breve, Argentina podría triplicar sus exportaciones gasíferas, pero afianzando el perfil extractivista de una economía definitivamente encarrilada hacia la primarización.

La recreación del Mercosur también requiere la permanencia de Uruguay, que tantea un Tratado de Libre Comercio (TLC) con China. El *establishment* de ese país pretende multiplicar sus exportaciones básicas y no cuenta con ninguna industria amenazada por el esperable aluvión de importaciones asiáticas. Sus voceros promueven un modelo de extractivismo extremo, que negocian con el mejor postor externo, destruyendo los bienes comunes del país. Lo ocurrido con el agua es un ejemplo de esa degradación. Uruguay es un país templado, húmedo, irrigado por numerosos ríos y arroyos, pero se está quedando sin fuentes acuíferas por la omnipresencia de la celulosa, la soja transgénica y la ganadería intensiva. Estas actividades combinan la irracional absorción de agua con un mayúsculo despliegue de toxicidad.

Lula busca disuadir a Lacalle Pou de concertar un acuerdo unilateral con China, subrayando el atractivo exportador que ofrece el prometido convenio del Mercosur con la Unión Europea. También sugiere un posterior arreglo con China bajo su propio liderazgo. Con ese mismo propósito de conducción brasileña, propicia introducir a Bolivia y reincorporar a Venezuela al Mercosur.

Pero la reactivación de ese organismo presupone una vitalidad que no se avizora en la economía brasileña. El PBI *per cápita* de ese país se encuentra virtualmente congelado desde hace más de una década y el empleo no crece. Ese estancamiento desborda la coyuntura y no es una mera consecuencia del escenario internacional adverso generado por la pandemia y la guerra.

Brasil arrastra un serio retroceso desde hace muchos años; retroceso que obedece a las debilidades estructurales de una economía semiperiférica afectada por la reorganización del capitalismo mundial. Debido a ese declive, no cumple en la región un papel equivalente a Alemania en la Unión Europea y tampoco exhibe la vitalidad productiva requerida para reencauzar el Mercosur.

Esa endeblez explica por qué la derrota del Área de Libre Comercio de las Américas (ALCA) -y el consiguiente freno del proyecto de libre comercio impulsado por Estados Unidos-, no derivó en un despunte de la unión aduanera sudamericana. Al contrario, ese convenio languideció, mientras sus socios menores exploraban alternativas de enlace con otros referentes de peso.

Además, en su propia gestión anterior, Lula socavó la iniciativa de forjar un organismo financiero regional (Banco del Sur) para privilegiar los negocios de las empresas brasileñas a través de una entidad propia: el Banco Nacional de Desarrollo Económico y Social (BNDES).

Por lo tanto, el Mercosur afronta serias dificultades internas para transformar a la Celac en un gran motor de la integración latinoamericana. Esas limitaciones han quedado potenciadas por la llegada de Milei a la presidencia argentina, con un proyecto hostil a cualquier entrelazamiento económico de Sudamérica. No se sabe aún como incidirá ese rechazo en las negociaciones del acuerdo entre el Mercosur y la Unión Europea.

En la última secuencia de los preliminares para las negociaciones, los puentes abiertos por Lula con altos funcionarios del Viejo Continente chocaron con la oposición de Macron en Francia y Fernández en Argentina. Por el contrario, los voceros de Milei se mostraron afines a lograr un acuerdo. La diversidad de postura en juego en torno a ese convenio ilustra la plasticidad entrecruzada de intereses del agronegocio y la industria de Europa, Francia, Brasil y Argentina. Esas fuerzas disgregantes afectan tanto al Mercosur como a la Celac.

Fractura desde adentro

El principal obstáculo que afronta la Celac para reactivar la integración regional es la preeminencia de los TLC [Tratado de libre comercio] de sus miembros con el resto del mundo. Esos convenios son convalidados por los gobiernos de la nueva oleada progresista. Nadie discute su continuidad.

En los países donde están consolidados tampoco se evalúa su revisión. Se los considera como un dato natural de la economía; por eso prosperan las iniciativas de ampliación a otros rincones del planeta. La consiguiente fractura de la región –que siempre propició el neoliberalismo– es aceptada, de hecho, por sus rivales de centroizquierda.

Este escenario es muy visible en los cuatro integrantes de la Alianza del Pacífico, cuyas nuevas administraciones progresistas han ratificado los TLC vigentes. La meta del arancel cero es enaltecida, avalando la ampliación del comercio sin restricciones con la región asiática.

En Chile, se verifica el mayor apego a esos convenios. El gobierno de Boric no solo bendijo su vigencia, sino que dio luz verde a la incorporación del país al Acuerdo Transpacífico de Cooperación Económica (TPP-11) con las principales economías de Asia-Pacifico. Ese tratado abre las aduanas a todo tipo de importaciones y apuntala la apropiación foránea de los recursos naturales. El gobierno liberó incluso las trabas que, desde el año 2019, afrontaba en el Congreso ese pacto.

Tampoco la frustrada Convención Constituyente chilena examinó cambios en los mecanismos comerciales del modelo neoliberal. Sus leves sugerencias de revisión quedaron tan archivadas como la reconsideración de la gestión del cobre, la modificación de las regalías mineras, la reformulación del impuesto a la renta o la remodelación del sistema privado de pensiones.

Tampoco la frustrada Convención Constituyente chilena examinó cambios en los mecanismos comerciales del modelo neoliberal

El mismo amoldamiento auspició el caótico gobierno peruano de Castillo. Ese mandatario había propuesto revertir el brutal extractivismo imperante en la minería, pero esa promesa fue olvidada. La irracional apertura comercial que consumó Perú ha llevado a ese país a exportar papas recién cosechadas, que vuelven congeladas y empaquetadas al mercado local.

En Colombia, Petro ha subrayado que las prioridades de su país se ubican en el terreno político de concertar la paz. Sus economistas evalúan igualmente una reforma tributaria para incrementar la recaudación y otorgar ciertas mejoras sociales. En esa agenda, los TLC son intocables, a pesar de la destrucción que provocaron en ciertas ramas de la producción, como la actividad lechera. El énfasis del nuevo presidente en la protección del medio ambiente también choca con la vigencia de esos convenios.

La gestión de López Obrador comenzó con la ratificación del renovado acuerdo de libre comercio con Estados Unidos y Canadá (T-MEC). Ese tratado consolida la permanencia de México en el área del dólar y explica la reticencia que exhibe AMLO a cualquier proyecto futuro de moneda común latinoamericana.

A su vez, sus voceros defienden la continuidad del entrelazamiento con Washington y Ottawa con argumentos distanciados del neoliberalismo. Afirman que la proximidad con el Norte permitirá acrecentar la autonomía de México, al facilitar un desarrollo que ampliará la soberanía del país. Proponen "estar más cerca de Estados Unidos, para ser más autónomos del gigante".

Pero hasta ahora no se ha corroborado ninguna expansión significativa de la economía por derrame del T-MEC. Al contrario, el tratado recrea los incontables desequilibrios de la producción y el consumo. México arrastra un bajo crecimiento con alta desigualdad, éxodo rural e informalidad laboral, que explican la dramática envergadura del narcotráfico. El convenio con Estados Unidos no genera un perfil diferenciado del regresivo estándar latinoamericano.

La expectativa de *mayor autonomía por mayor cercanía* presenta, además, serias contradicciones conceptuales. Supone un afianzamiento de los vínculos con Estados Unidos, que siempre indujeron a rumbos contrapuestos con la soberanía. Salta a la vista la contundente tensión de ese curso con la proclamada meta de la unidad latinoamericana.

En la región, todas las variantes de TLC vigentes favorecen los negocios de los grupos exportadores en desmedro del crecimiento interno. Esos sectores priorizan los réditos inmediatos de las ventas externas al desenvolvimiento articulado que pavimenta la integración. La Celac responde a esta contradicción con ambigüedades. En sus eventos, se repiten los discursos de la hermandad latinoamericana, pero sin transitar por ninguno de los pasos requeridos para consolidar esa familiaridad.

El gran problema radica en que las grandes iniciativas de soberanía regional exigen una firmeza frente al imperialismo estadounidense, que el nuevo progresismo no exhibe

Algunos participantes de la cumbre de Buenos Aires, como Petro, reconocieron esa impotencia ("hablamos mucho de unirnos, pero hacemos poco por hacerlo realmente"). El balance general del encuentro corroboró ese diagnóstico. El gran problema radica en que las grandes iniciativas de soberanía regional –en el plano alimenticio, energético o financiero– exigen una firmeza frente al imperialismo estadounidense, que el nuevo progresismo no exhibe.

Inconsistencias frente a Estados Unidos

Estados Unidos es el enemigo histórico de la unidad latinoamericana. En la última centuria, ha saboteado todas las iniciativas de gestación de un bloque regional que amenazaría su dominio del *patio trasero*. Ejerce ese control a través de entes digitados (OEA) e impulsa alineamientos derechistas (Grupo de Río) para socavar los organismos autónomos de América Latina.

La institucionalización de la Celac es frontalmente rechazada por Washington, que teme perder la tradicional gravitación de la OEA. Esa institución apadrinó todos los golpes militares, judiciales, mediáticos y parlamentarios de los últimos años, y habitualmente es convocada como árbitro para dirimir los conflictos internos. Cumple un rol particularmente activo en la inspección de las elecciones, como entidad legitimadora de la validez de los comicios. Maduro propuso que la Celac reemplace a la OEA en esas funciones y obtuvo ciertos guiños, pero no el sostén efectivo de los restantes mandatarios.

Estados Unidos observa con gran disgusto la eventualidad de acciones económicas coordinadas de América Latina. No solo rechaza la presencia en la región de los competidores europeos o asiáticos, sino también las iniciativas de los rivales de capital local. Siempre ha promovido la asociación subordinada de las clases dominantes de la zona y obstruye cualquier coordinación estatal fuera de su control. En particular, resiste las propuestas auspiciadas por alguno de los tres países medianos de la región.

Desde el fracasado intento de forjar un tratado panamericano bajo su directa supervisión (ALCA), Estados Unidos optó por suscribir acuerdos bilaterales. Pero el único convenio significativo que logró consumar se desenvuelve en el hemisferio norte. Desde allí, motoriza proyectos para todo el continente. El T-MEC con Canadá y México es su único instrumento económico efectivo para contrarrestar los intentos latinoamericanos de integración.

Su apuesta más reciente es la extensión del T-MEC a los países predispuestos a suscribir nuevos TLC con el gigante del norte. Ya promueve el inicio de esas negociaciones con Ecuador, Uruguay, Paraguay y República Dominicana. Con estas iniciativas, espera lanzar un proyecto más abarcador de competencia regional con China (Alianza de las Américas para la Prosperidad Económica).

Washington promociona la conveniencia de unir negocios bajo su padrinazgo, subrayando los inconvenientes de la convergencia regional. Pero esa publicidad olvida las nefastas consecuencias de la ponderada protección yanqui. Un siglo de dependencia, subdesarrollo y pobreza aportan suficientes pruebas de las secuelas de cualquier modelo acordado con el Norte.

Claudio Katz es economista y profesor de la cátedra “Economía para historiadores” de la Facultad de Filosofía y Letras de la Universidad de Buenos Aires y de la Facultad de Ciencias Sociales e investigador del Consejo Nacional de Ciencia y Tecnología. Coordinó grupos de trabajo de CLACSO y es miembro del Instituto de Investigaciones Económicas de Argentina.

4. ¿EL CAMPO EN LLAMAS Y AL BORDE DEL COLAPSO? EXISTEN ALTERNATIVAS

Los invisibles en las movilizaciones del campo

Mari García Bueno

■ A principios de año vimos a los agricultores y agricultoras movilizarse contra la actual PAC: la de la competencia desdeal, de los altos costes de producción y la venta a pérdidas, la excesiva burocracia, etc. Los medios de comunicación se hicieron eco de sus movilizaciones; sin embargo, no todos y todas luchan por los mismos motivos. En el campo existen, como en todo, realidades múltiples y diversas. En este artículo queremos hablar de la realidad de las personas más invisibles del campo. De una realidad silenciada constantemente, explotada e incluso, en muchas ocasiones, criticada y despreciada, como si ese eslabón de la cadena no fuese fundamental en todo el proceso necesario para que los alimentos de nuestros supermercados lleguen a nuestras mesas.

En otras palabras, como bien explica la compañera Isa Álvarez Vispo, en su artículo "El enfado en el campo" en la revista ***viento* sur** "no existe un campo en singular, sino muchos campos que se están movilizando. (...) Mientras las personas propietarias estarán preocupadas por no perder, las trabajadoras estarán preocupadas por sobrevivir". De eso queremos hablar, de las diferentes realidades del campo, principalmente de las y los trabajadores agrícolas, de los jornaleros y jornaleras.

Invisibles que pierden y fondos buitres que ganan

En el campo tenemos trabajadoras y trabajadores agrarios por cuenta propia (propietarios o arrendatarios de tierras) y quienes trabajan por cuenta ajena (jornaleros y jornaleras). Éstas últimas son quienes trabajan para las y los agricultores propietarios o arrendatarios en diferentes campañas de recolección; en su mayoría son eventuales, trabajando solo por campañas, lo que les hace más vulnerables dada la estacionalidad del empleo.

Tampoco todos los agricultores y agricultoras tienen una misma realidad: los hay con propiedades pequeñas y existen las grandes propiedades de tierra.

Además, cada vez más, los fondos de inversión acaparan grandes extensiones de las tierras que nos alimentan. Evidentemente, esto hace que entre las y los agricultores existan realidades diferentes: grandes perceptores de la PAC, cobrando ayudas millonarias, y quienes apenas perciben ayudas.

Asimismo, dentro del colectivo de las y los jornaleros también existen diferencias. Hay quienes en función de su lugar de residencia, de la edad, de sus cargas familiares... pueden acceder al subsidio agrario o renta agraria. Esta ayuda es de 6 o 10 meses para la gente mayor de 52 años y se rige por el IPREM, no por el SMI, como la mayor parte de ayudas y prestaciones. El IPREM es el considerado salario mínimo de los pobres, el Indicador Público de Renta de Efectos Múltiples, cuyo valor (por cierto, actualmente congelado) está en 600€/mensuales frente a los 1.134€ del SMI. No se puede comparar estos subsidios a las ayudas que percibe el agricultor, pues el jornalero o la jornalera depende siempre del propietario de las tierras y de la necesidad de mano de obra.

Desde una perspectiva feminista, también debemos señalar que en los años 80 eran los hombres quienes cotizaban el sistema especial agrario por cuenta ajena; sin embargo, eran miles las mujeres que trabajaban en la agricultura. Los hombres cotizaban en el sistema especial agrario porque en cada casa se elegía pagar un sólo seguro que daba cobertura a la familia completa en la seguridad social, priorizando que cotizaran los *hombres,* ya que la economía era precaria y pagar dos seguros era difícil. Consecuencias: a la hora de cobrar una prestación, la jubilación, etc., la mujer se encontraba, y aún hoy se encuentra, completamente desprotegida, estando relegadas muchas de ellas al cobro de una Pensión no Contributiva. A pesar de ser trabajadoras agrícolas, no constaban en ninguna estadística. Entonces, solo gracias a una gran campaña por parte de algunos sindicatos se consiguió que la mujer cotizara y tuviera los mismos derechos que cualquier trabajador del campo para acceder a las prestaciones, lo cual incrementó el número de personas inscritas en el régimen agrario.

Gráfico 1. % Personas afiliadas al régimen agrario por cuenta ajena

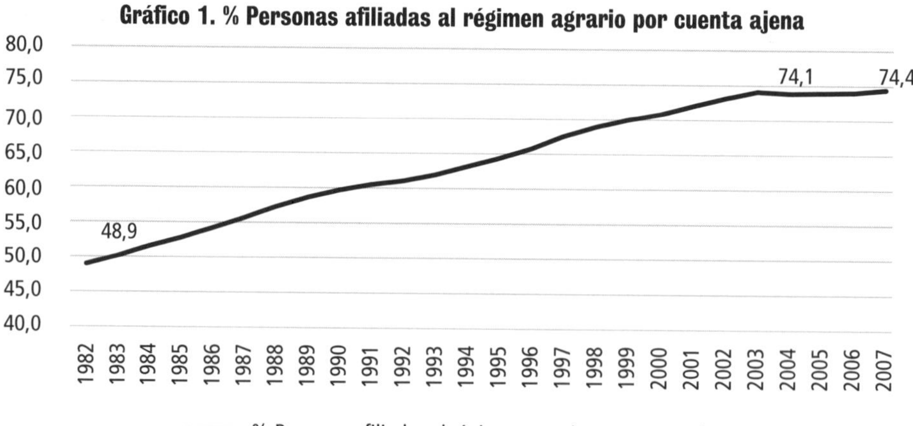

En 2002 con el famoso *Decretazo* de Aznar para eliminar el subsidio agrario debido, según él, a la gran cantidad de mujeres y personas migrantes que accedían a él, hubo un descenso importante. De nuevo, gracias a las movilizaciones en Andalucía se aprobó la Renta Agraria, pero con exigencias que impedían obtenerlo a muchas personas afectadas.

La PAC ha contribuido a la desaparición de miles de pequeños agricultores y agricultoras a la vez que ha propiciado el acaparamiento de tierras

En los últimos años, la población activa en la agricultura ha descendido. Por una parte, la PAC ha contribuido a la desaparición de miles de pequeños agricultores y agricultoras a la vez que ha propiciado el acaparamiento de tierras. Por otro lado, la mecanización de muchos cultivos y la no inclusión de miles de personas trabajadoras en el régimen agrario por cuenta ajena han contribuido a este descenso.

Gráfico 2. Población Ocupada

Miles de Personas: Agricultura, ganadería, caza y servicios relacionados con las mismas 2008-2023 (trimestres)

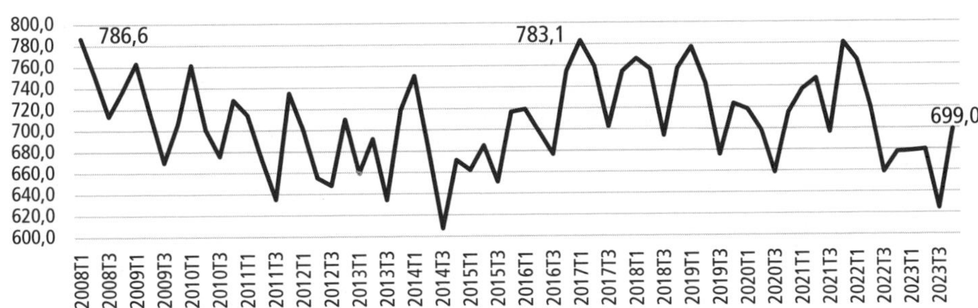

En concreto, el acaparamiento de tierras se está llevando a cabo por parte de inversores internacionales que o bien compran o bien arriendan. Se especula con la tierra en todo el Estado español y especialmente en Andalucía. Según datos de la Estadística de transmisiones de derechos de la propiedad del INE (Instituto Nacional de Estadística) y como publicaba *Laotraandalucia.org,* donde más fincas rusticas se compraron en 2023 fue en Andalucía, un 18,1% más si lo comparamos con 2020. Estas fincas, que podían repartir trabajo en el medio rural, hoy están dedicadas principalmente al olivar en superintensivo, un cultivo que es insostenible medioambientalmente, termina con los recursos hídricos ya escasos por la superexplotación que sufren y no necesita mano de obra, a diferencia del olivar tradicional. Miles de trabajadores y trabajadoras que antes trabajaban y sobrevivían en zonas de olivar tradicional hoy tienen que partir para buscar su trabajo, consecuencia del abandono del medio rural. Este modelo especulativo impide el acceso a la tierra a los verdaderos agricultores y agricultoras. De esta forma, son los fondos buitres quienes están terminando con la reivindicación histórica de *la tierra para quien la trabaja*.

Ayudas al *sector* repiten los medios de comunicación; sin embargo, nunca hay una mención ni una ayuda a las y los miles de jornaleros que perderán los salarios

En definitiva, cuando hablamos de pérdidas en el campo, pensamos que esas pérdidas, ya sean por inclemencia climática o por falta de venta en el mercado, solo son para el agricultor o la agricultora, que rápidamente pide ayudas públicas. Ayudas al *sector*, repiten los medios de comunicación; sin embargo, nunca hay una mención ni una ayuda a las y los miles de jornaleros que perderán los salarios fruto de la recolección que se pierde. Esos días de trabajo que no podrá hacer, significan, además del salario que se pierde, el no poder acceder al subsidio que permita la subsistencia en los periodos de paro.

Unicornios del campo: los convenios colectivos

Hay otra problemática añadida a la realidad de la agricultura en España: existen diferentes convenios colectivos. A continuación, un cuadro comparativo:

Convenio Colectivo	Territorio	Vigencia
CC para Actividades Agropecuarias en la Provincia de Jaén	Jaén	2018-2022
CC Provincial de Almería trabajo en el campo	Almería	2012-2015
Convenio del Campo de Huelva	Huelva	2018-2020
Convenio del Campo de Sevilla	Sevilla	2017-2021
Convenio del Campo de Granada	Granada	2016-2018
Convenio del Campo de Córdoba	Córdoba	2017-2019
Convenio del Campo de Cádiz	Cádiz	2019-2022
Convenio del Campo de Málaga	Málaga	2016-2018
Convenio del Sector Agropecuario de Zaragoza	Zaragoza	2017-2018
Convenio Colectivo del sector agrícola de Huesca	Huesca	2015-2017
Convenio del Campo de Baleares	Baleares	2002- 2004
Convenio del Campo de Canarias	Canarias	2016-2018
Convenio Colectivo para el sector Agropecuario Cantabria	Cantabria	2013-2015
Convenio del Campo de Albacete	Albacete	2017-2019
Convenio del Campo Cuenca	Cuenca	2019-2020
Convenio del Campo de Ciudad Real	Ciudad Real	2018-2020
Convenio del Campo de Toledo	Toledo	2018-2019

Convenio Agropecuario de Guadalajara	Guadalajara	2015.-2017
Convenio para la Actividad de Faenas Agrícolas y Ganaderas de Ávila	Ávila	2015-2016
Convenio del Campo Valladolid	Valladolid	2016-2018
Convenio colectivo para el sector Agrícola-Ganadero de Soria	Soria	2015-2018
Convenio del Campo de Segovia	Segovia	2014-2015
Convenio del Campo de Burgos	Burgos	2015-2019
Convenio Colectivo del Campo de la Comunidad Autónoma de Extremadura	Extremadura	2016-1018
Convenio cultivo champiñon La Rioja	La Rioja	2015-2017
Convenio colectivo del Sector del Campo para la Comunidad de Madrid	Madrid	2012-2016
Convenio de Trabajo Agrícola, Forestal y Pecuario de Murcia	Murcia	2016-2018
Convenio Cosecheras y Productoras de Tomates de Murcia	Murcia	2016-2019
Convenio Colectivo Recolectores de Cítricos de Murcia	Murcia	2012-2020
Convenio colectivo del sector de temporerismo para la actividad agropecuaria de Álava	Álava	2016
Convenio Colectivo de Citricos	Comunidad Valenciana	2018-2022
Convenio colectivo del sector agropecuario de Alicante	Alicante	2016

Tenemos diferentes convenios en la agricultura, estos convenios no sólo cambian en cada comunidad autónoma, sino que, como ocurre en Andalucía, pueden existir ocho convenios del campo, uno por cada provincia, totalmente diferentes unos de otros, aunque existen recolecciones de los mismos cultivos. Es decir, coinciden en muchas de ellas, pero tienen salarios y horarios diferentes. Por ejemplo, puedes estar recolectando naranjas en Córdoba y cobrar menos que varios kilómetros más lejos, al ser provincia de Sevilla con un convenio más alto.

Además, ocurre que, aunque sean diferentes convenios, una gran mayoría de empresarios no los cumple y aplica salarios más bajos y horarios más amplios, obligando incluso al *destajo*, pagando por kilo recolectado o poniendo topes de kilos que hasta que no los recolectas no terminas la jornada, trabajando de sol a sol por un miserable salario.

En este sentido, es necesario reflexionar sobre una de las principales reivindicaciones de las y los agricultores en sus movilizaciones de estos meses: bajar los costes de producción. Sin embargo, no los hemos escuchado señalando con la misma intensidad la responsabilidad de las grandes multinacionales de insumos. La ecuación es sencilla, la reducción de costes sin afectar al gran capital de la industria agroalimentaria implica, directamente, recortar y volver a recortar derechos a las y los jornaleros.

No estamos hablando del futuro, estamos hablando del presente y para entenderlo mejor vamos a estudiar dos ejemplos: Huelva y Almería.

Laboratorios humanos: explotación y humillación. Huelva y los frutos rojos

En las movilizaciones del campo organizadas por los y las agricultoras también salieron quienes trabajan en el fruto rojo en Huelva. Su principal reivindicación era exigir más agua, para seguir cultivando lo que se ha llamado el *oro rojo,* y más ayudas. Sin embargo, no los escuchamos reivindicar más derechos para esas miles de mujeres con contratos en origen, ni viviendas dignas para las miles de personas que malviven en campamentos de chabolas, ni más agua potable y ayudas.

Durante muchos años, en Huelva se ha estado probando con diferentes trabajadores y trabajadoras para ver cuáles eran más fácil de explotar e invisibilizar. A mediados de los 80, eran los jornaleros y jornaleras de algunos pueblos de Andalucía quienes se desplazaban los meses de febrero a junio de cada año a recolectar esos frutos. Por poner un ejemplo, pueblos como Puerto Serrano o Alcalá del Valle se quedaban casi desiertos porque las familias se desplazaban a los campos de fresas en Huelva. Lo que encontraban era: infravivienda, falta de infraestructuras y electricidad, problemas de escolarización, salarios bajos y largas jornadas de trabajo, etc. Esto era necesario para poder ganar dinero y pasar los meses que no había ningún trabajo en los pueblos, junto al requisito de las 60 peonadas para acceder al subsidio. En esa época hubo importantes movilizaciones para mejorar las condiciones y grandes enfrentamientos con los empresarios.

Luego, fueron las y los inmigrantes quienes se organizaron para pedir *papeles para todos*; más tarde, las mujeres polacas, rumanas y así fue pasando para ver cómo se mantenía ese gran negocio a base de explotación y humillación. Todas con contratos en origen para garantizar que solo estén aquí cuando las necesitemos; que las mujeres marroquíes vengan de zonas rurales, que sean fuertes para trabajar y con hijos a cargo que garanticen su vuelta una vez que no sean necesarias. Trabajadoras constantemente amenazadas con ser devueltas a su país si, una vez están aquí, no son obedientes y aceptan cualquier condición.

El informe de 2020 del relator de la ONU señalaba que las trabajadoras de los frutos rojos en Huelva vivían peor que en un campo de refugiados

El informe de 2020 del relator de la ONU señalaba que las trabajadoras de los frutos rojos en Huelva vivían peor que en un campo para personas refugiadas, y aún siguen en las mismas o peores condiciones. Se calcula que en estos campamentos malviven unas 5.000 personas. A ello hay que añadir que cada cierto tiempo, estos campamentos arden y la gente tiene que salir de ellos perdiendo lo poco que tienen y teniendo que volver a buscar mantas, colchones y demás enseres para sobrevivir (el último, el pasado 4 de mayo 2024 en Lucena del Puerto, 40 chabolas que eran el techo de trabajadoras malienses).

La agricultura BIO de Almería: mar de plástico y lucha de clases

Como nos cuenta José Caraballo, sindicalista del SAT en Almería, el número de las y los trabajadores agrícolas en Almería y la producción agrícola Bio en el cultivo bajo plástico ha crecido de forma significativa en los últimos años (más de un 27% anual, situándonos a finales de 2019 en más de 3.500 hectáreas). Este tipo de cultivos ha aumentado especialmente en el levante almeriense, comarca de Níjar, donde grandes empresas han apostado de forma importante por la producción y transformación de estos cultivos. La mayoría motivadas casi en su totalidad por una rentabilidad más alta, la fuerte demanda de estos productos y la cercanía al Parque Natural de Cabo de Gata, donde la agricultura intensiva tenía un veto importante por amplios sectores sociales y políticos. Así, el cultivo supuestamente Bio *dulcificaba* una agricultura altamente contaminante. No obstante, nada de esto hubiese sido posible sin los millones de euros llegados de la PAC y otros fondos europeos.

Se trata de un *nuevo modelo* con las mismas malas prácticas. Globalmente, y salvo alguna excepción, el sector Bio reproduce las malas prácticas laborales y medioambientales que se vienen produciendo desde hace décadas en el *mar de plástico*. Más del 92% de la mano de obra empleada en los campos, incluidos los BIO, procede del Magreb o del África Subsahariana y llevan desde el año 2015 sin un convenio colectivo, caracterizado desde siempre por ser el más bajo del Estado. Tan solo el incremento del Salario Mínimo Interprofesional (SMI) ha supuesto un incremento salarial que viene a mejorar, en teoría, todos estos años de pérdida de poder adquisitivo de los trabajadores y trabajadoras. Salario del que están muy lejos hasta que se aplique de forma real en el campo.

El salario que establecía el último convenio de 2015 se situaba en 46,72€ por jornadas de 8h, mientras que la media real de salario que se paga en la mayoría de las explotaciones oscila entre los 32 y 40€. El abismo que separa la legalidad de la realidad del salario que perciben las y los jornaleros del campo almeriense es brutal. Hagánse las cuentas multiplicando por 24 días de trabajo al mes los 800.000 trabajadores y trabajadoras durante 10 meses de campaña: hablamos de un robo sistemático de más de 349 millones de euros. Esta cantidad es sin contar lo que no perciben por plus de transporte, plus de antigüedad, 20 minutos diarios de bocadillo, jornadas reales que las empresas no declaran o sin tomar en consideración a un número importante de personas que trabajan sin documentación, sin contrato y son explotadas doblemente.

La mayoría de quienes trabajan con contrato lo hacen con contratos temporales, lo que, junto a otros factores, impide su organización sindical. Esta situación no sería posible sin unos gobiernos que han mirado para otro lado, que no han legislado con el objetivo de erradicar la explotación, la exclusión y la miseria en los campos de Almería y que no han dotado a la inspección de trabajo y a los sindicatos que están a pie de tajo de los medios suficientes para cubrir un campo tan disperso y complicado.

Este modelo, casi 24 años después de los ataques a las y los trabajadores migrantes en El Ejido, no ha cambiado. Después de aquellos hechos, todos los representantes de las asociaciones empresariales y políticas se comprometieron a iniciar un camino contra la explotación, la exclusión y la infravivienda. Sin embargo, a día de hoy, nada de lo pactado después de aquellos hechos que estremecieron a media Europa se han cumplido. En la actualidad más de 4.000 trabajadores y trabajadoras viven en asentamientos chabolistas que van creciendo día a día.

Los invisibles todo han de ser

Según reconoce el *lobby* Coexhpal, este modelo agrario, creado sobre la base de la explotación de recursos naturales y sobre la explotación de las y los trabajadores del campo, propios y migrantes, está en colapso. Sus contradicciones objetivas son tan enormes que si continúa así puede suponer una reconversión sin precedentes. No obstante, las alternativas que plantea el *lobby* son saltos al vacío, pidiendo más agua y más suelo para construir más invernaderos, desregularizar aún más el mercado de trabajo, más ayudas públicas para infraestructuras y poner freno a las importaciones de terceros países. Así, la entrada en el sector de grupos de inversión que acaparan cada vez más tierras, deja claro hacia dónde va este modelo. La pregunta es: ¿cómo piensan sostener un sistema de estas características, más aún en un contexto de emergencia climática?

En definitiva, cuando un sector del campo se echa a la calle reclamando mejores condiciones para el campo, nosotras seguimos diciendo: mejoras para quién y para qué. Y es que, la mayoría de esos agricultores y agricultoras que se movilizaron no abaratan costes con menos fertilizantes, lo abaratan con las y los trabajadores y sus condiciones laborales y de vida, siendo un cultivo social y medioambientalmente insostenible, como demuestran los propios acuíferos de Doñana.

Mari García Bueno, nacida en El Coronil, pueblo de la campiña sevillana, mayoritariamente agrícola, nacida en familia jornaleros, jornalera agrícola y trabajadora de la limpieza doméstica, fue asesora sindical de las diferentes recolecciones agrícolas donde se desplazaban los jornaleros desde las diferentes localidades a los destinos como Huelva, Jaén, Francia a la vendimia, etc. Fue diputada andaluza, actualmente es responsable de organización de Adelante Andalucía.

5. ¿EL CAMPO EN LLAMAS Y AL BORDE DEL COLAPSO? EXISTEN ALTERNATIVAS

La agricultura campesina en la transición ecosocialista

Patricia Grela

■ "La agricultura familiar es la forma predominante de producción alimentaria y agrícola en los países desarrollados y en desarrollo, ya que produce más del 80 por ciento de los alimentos del mundo en términos cualitativos. Dado el carácter multidimensional de la agricultura familiar, la explotación agrícola y la familia, la producción de alimentos y la vida en el hogar, la propiedad de las explotaciones y el trabajo, los conocimientos tradicionales y las soluciones agrícolas innovadoras, el pasado, el presente y el futuro están profundamente entrelazados" (FAO e IFAD, 2019).

El modelo agrario campesino puede aportar aprendizajes valiosos para organizar una estrategia revolucionaria que permita desarmar al capitalismo y construir un sistema alternativo

En 2019, el Fondo Internacional de Desarrollo Agrícola y la Organización de las Naciones Unidas para la Alimentación y la Agricultura reconocía así las ventajas de la agricultura campesina y familiar ante los retos alimentarios y climáticos. Este modelo ofrece una mejor gestión de los recursos, del territorio y de los conocimientos necesarios para garantizar la seguridad alimentaria a nivel mundial.

Mi argumento es que el modelo agrario campesino puede aportar aprendizajes valiosos para organizar una estrategia revolucionaria que permita desarmar al capitalismo y construir un sistema alternativo. Centrándome en el caso gallego, trataré de establecer un paralelismo entre el desarrollo rural y el proyecto que queremos llevar a cabo.

El papel destacado del campesinado en la custodia del territorio, las relaciones culturales y socioeconómicas precapitalistas y la producción de alimento se debe a un modelo ancestral de agricultura familiar.

En las últimas décadas, este modelo va perdiendo terreno frente a la agricultura industrial. Éste se ha convertido en el organizador del sistema agroalimentario, lo que ha traído graves consecuencias ambientales, sociales, económicas y también culturales.

El proceso de desposesión ha ido más allá de los recursos y territorios. La usurpación de los modos de vida y de las formas de entender las relaciones fuera de la lógica del capital en las comunidades rurales, ha sido parte del avance del capitalismo.

A nivel climático, los datos que arroja el informe especial del IPCC (2019) no son los más esperanzadores. "El cambio climático afecta a la seguridad alimentaria del planeta disminuyendo las tasas de crecimiento animal, aumentos de enfermedades y plagas agrícolas y una pérdida de productividad que pone en riesgo la producción y acceso a alimentos, especialmente en las zonas más vulnerables".

Enfrentarse a la industria agroalimentaria desde una cultura campesina será la clave para superar los desafíos del cambio climático

Enfrentarse a la industria agroalimentaria desde una cultura campesina que incluye "los conocimientos indígenas y locales será la clave para superar los desafíos combinados del cambio climático, la seguridad alimentaria, la conservación de la biodiversidad y la lucha contra la desertificación y la degradación de la tierra" (IPCC, 2019).

Conservar las prácticas solidarias y las lógicas que continúan en muchos pueblos y aldeas que siguen intentando que prevalezca su propia gobernanza por encima de las decisiones tomadas en los mercados, nos permitirá explorar nuevos modelos agrarios sostenibles, además de tejer resistencias ante el acaparamiento de recursos y la defensa de la soberanía alimentaria.

Una alternativa desde Galiza

La agricultura gallega tradicional se caracteriza por una gran dispersión parcelaria, el policultivo, el autoconsumo y una economía campesina basada en la lógica reproductiva.

Estas características trajeron consigo la interiorización de una idea de atraso que impedía la modernización y que tenía como consecuencia directa el empobrecimiento y el hambre. A pesar de esto, ha habido grandes defensores del minifundio como un tipo de ordenación territorial favorable para la adaptación a la diversidad de los agroecosistemas (Carreira y Carral, 2014).

Hoy contamos con estudios que demuestran su mayor productividad y su función alimentaria a nivel mundial.

"La estructura general del minifundio gallego se acerca mucho a lo que hoy en día es considerado agroecologicamente ideal, ya que la multifuncionalidad solo emerge cuando los paisajes

> están dominados por cientos de parcelas pequeñas y biodiversas que pueden producir mucho más por unidad de superficie que las grandes extensiones" (Altieri y Nicholls, 2008).

Las pequeñas parcelas y la gran distribución de su propiedad permiten que, a pesar de su actual tendencia al abandono, se pueda conservar una relación muy cercana con la tierra y con la producción de alimentos. A esto le unimos la existencia de una figura de origen germánico como es la propiedad comunal que consiste en "una comunidad vecinal que ejerce una soberanía usufructuaria sobre el territorio de monte alrededor del cual habita la mayor parte del año" con prácticas políticas que se basan en un sistema de gobierno "colectivo, democrático y basado en la asamblea de las comuneras" (Barros, 2019).

Estas prácticas, que enlazan con la *economía moral* de la que hablaban E. P. Thompson (1979) y James Scott (1977), se conservan en mayor o menor medida en las comunidades agrarias y las Comunidades de Montes en Man Común como una resistencia al avance de la economía de mercado donde sigue primando el beneficio de la comunidad por encima del económico.

Combinar la autogestión y una planificación democrática del conjunto de la sociedad es fundamental para poder asegurar una soberanía alimentaria

La planificación agraria debe formar parte de algo más grande. En palabras de Mandel (2022), nuestra apuesta pasa por "una autogestión democráticamente centralizada sobre la base de la planificación socialista". Combinar la autogestión donde el poder es ejercido, en este caso, por el campesinado y una planificación democrática del conjunto de la sociedad es fundamental para poder asegurar una soberanía alimentaria.

Son justamente estas lógicas "basadas en los conocimientos y prácticas de conservación y mantenimiento para las futuras generaciones" (Ferreiro y Vilalba, 2019) las que van a permitir una oportunidad de desarrollar un sistema ecosocialista.

Entender que la clase trabajadora va más allá de esa separación ficticia urbano-rural puede ayudarnos a configurar una alianza amplia de clase. En el caso de Galiza, un número nada despreciable de obreros y obreras tiene en el pueblo su lugar de residencia y se desplaza diariamente a trabajar en la industria, la construcción o los servicios. Esta relación del proletariado entre la ciudad y el campo no queda únicamente reducida a tener el medio rural como lugar de residencia, sino que una parte importante de la población trabaja también en la agricultura: mujeres que figuran como no activas, pensionistas y personas que figuran como ocupadas en otros sectores (Carreira y Carral, 2014).

Esta relación simbiótica del proletariado gallego entre lo urbano y lo rural no queda en una mera caracterización, sino que tiene un recorrido histórico que ha llevado en diferentes momentos a conformar alianzas y luchas de las que hoy podemos sacar provecho.

En el desarrollo del agrarismo, por ejemplo, el modelo de trabajador mixto en las inmediaciones de las ciudades gallegas tuvo una gran influencia en el fortalecimiento del sindicalismo revolucionario y en la evolución de los movimientos campesinos. "No es ninguna casualidad que las experiencias coetáneas decisivas de entonces -Unión Campesina, Solidaridad Gallega, Directorio de Teis- nazcan en las inmediaciones de las más importantes ciudades: Coruña y Vigo" (Durán, 1976).

Si algo podemos sacar como aprendizaje del pronunciamiento campesinista, es la conciencia de que solo expandiéndose podían subsistir. Precisamente fue lo que lo convirtió en una poderosa arma para romper unos esquemas sociopolíticos y culturales aislados por el poder caciquil y que se vieron sobrepasados por un movimiento que rompe con los límites tradicionales (Durán, 1976).

Despojarnos de estereotipos e inseguridades a la hora de plantear una política emancipatoria más allá de nuestros pequeños reductos, va a poner en peligro ese *status quo*. Entender que las distintas opresiones que nos atraviesan forman parte del mismo sistema hará que entendamos la lucha por el derecho a la vivienda y la defensa del territorio como única; que la lucha por los servicios públicos está en todas partes y que el movimiento ecologista, sindical y campesino, en apariencia antagónica, puede caminar de la mano a través de un programa de transición ecológico y socialista.

Patricia Grela es Diplomada en Educación Social, ha colaborado en iniciativas de Desarrollo Rural y proyectos de Educación para el Desarrollo. Forma parte de Anticapitalistas Galiza.

Referencias

Altieri, Miguel y Nicholls, Clara (2008) "Los impactos del cambio climático sobre las comunidades campesinas y de agricultores tradicionales y sus respuestas adaptativas" *Agroecología* 3, pp. 7-28.

Barros Alfaro, Lara (2019) "Montes veciñais, mulleres e un ecofeminismo posible". En VV.AA. Proxecto Batefogo (Coord.) *Árbores que non arden*. Vigo: Catro Ventos.

Carreira Pérez, Xoán Carlos e Carral Vilariño, Emilio (2014) *O pequeno é grande. A agricultura familiar como alternativa: O caso galego*. Santiago de Compostela: Através.

Durán, José Antonio (1976) *Agrarismo y movilización campesina en el país gallego* (1875-1912). Madrid: Siglo XXI.

FAO e IFAD (2019) *Decenio de las Naciones Unidas para la agricultura familiar 2019- 2028. Plan de acción mundial.*

Ferreiro Santos, María y Vilalba Seivane, Isabel (2019) "As mulleres labregas: pasado, presente e futuro do rural". En VV. AA. Proxecto Batefogo (Coord.) *Árbores que non arden*. Vigo: Catro Ventos Editora.

IPCC (2019) *Resumen para responsables de políticas. En: El cambio climático y la tierra: Informe especial del IPCC sobre el cambio climático, la desertificación, la degradación de las tierras, la gestión sostenible de las tierras, la seguridad alimentaria y los flujos de gases de efecto invernadero en los ecosistemas terrestres.*

Mandel, Ernest (2022) *Autogestión, planificación y democracia socialista.* Barcelona y Madrid: Sylone y ***viento* sur**.

6. ¿EL CAMPO EN LLAMAS Y AL BORDE DEL COLAPSO? EXISTEN ALTERNATIVAS

Frente a la globalización neoliberal: la necesidad de políticas locales de desarrollo

Francisco Alburquerque Llorens

■ En su libro *El futuro es local,* la activista sueca Helena Norberg-Hodge (2020) señala que no existe un conocimiento suficiente acerca de los mecanismos que sustentan la globalización económica mundial, siendo obligada una reflexión más detenida de la misma, a fin de denunciar los supuestos y prácticas que la sustentan. En este sentido hay que recordar que, a partir de los años ochenta y noventa del siglo XX, la globalización económica actual fue impulsada de forma decidida mediante la firma de multitud de *Tratados de Libre Comercio e Inversión* y la *desregulación financiera internacional,* procesos que han provocado un aumento importante de la explotación de los recursos humanos y de los recursos naturales, avanzando hacia la actual *crisis ecosocial.*

Frente a ello se expone, y es el objeto principal de este artículo, el alcance de numerosas *iniciativas locales de desarrollo,* las cuales vienen mostrando, en sus proyectos de cambio, la evidencia de que hoy día el *Desarrollo Territorial* no solamente constituye un aprendizaje para la acción territorial, sino una alternativa de futuro para la humanidad y nuestro planeta (Helena Norberg-Hodge (2020) **1/**.

1/ Helena Norberg-Hodge (2020): *El futuro es local. Pasos hacia una economía de la felicidad.* Pol-len Ediciones, Barcelona.

La producción local supone más de las dos terceras partes de la producción mundial

Siempre me ha parecido que los argumentos que suelen circular acerca de algunos temas importantes de la economía, como el de la *globalización económica*, están lejos de reflejar la realidad existente. En el libro que publiqué en *Cuadernos del ILPES* en 1997 **2/**, abordaba algunos de estos temas proponiendo entonces una interpretación que trataba de superar el *monopolio divulgativo* de la teoría económica convencional, a fin de mostrar la presencia de alternativas desde el ámbito territorial, tratando de superar la simplificación que supone el análisis *macroeconómico* basado en una realidad compuesta por Estados nacionales como si fueran entidades homogéneas, esto es, despreciando la importante diversidad existente al interior de éstos. Este *monopolio divulgativo* de la teoría económica convencional constituye parte de una construcción ideológica llevada a cabo sistemáticamente por parte de la economía convencional (a través de los principales medios de comunicación y manuales de teoría económica en las universidades) en favor de los intereses de las grandes empresas transnacionales y la gran banca internacional.

Según datos oficiales del Banco Mundial (Cuadro 1), el porcentaje que representan las exportaciones en el Producto Interior Bruto a nivel mundial supone en el año 2021 menos del 29% del total, es decir, la producción local constituye más del 71% de la producción mundial de la economía formal de ese año, según los Sistemas de Cuentas Nacionales.

Cuadro 1. Exportaciones de bienes y servicios en porcentaje del PIB

	1980	1990	2000	2010	2014	2018	2021
Mundo	**19**	**19**	**26**	**27**	**30**	**30**	**28,9**
EE UU	10	10	11	12,4	13,5	12.2	10,2
Japón	14	10	11	15,2	16,2	18,4	15,6
R. Unido	27	24	28	28,7	29,8	30	27,0
Francia	21	21	29	26	28,3	31,3	29,9
Alemania	20	25	33	42,3	45,6	47,7	47,5
Italia	21	19	27	25,2	24,8	31,5	32,7
España	15	16	29	25,5	31,6	35,1	34,9
China	11	19	23	29,4	26,4	19,5	20,0
Rusia	—	18	44	29,2	28,4	30,7	30,8
India	6	7	13	22	24,8	19,7	20,8

Fuente: https://datos.bancomundial.org/indicator

Dicho de otra forma, la producción no internacionalizada, es decir, la que se mueve en circuitos más próximos (*mercados locales y regionales*) constituye la mayoría de la producción mundial, teniendo en cuenta, además, que estos datos

2/ Francisco Alburquerque (1997): *Desarrollo Económico Local y distribución del progreso técnico. Una respuesta a las exigencias del ajuste estructural.* Cuadernos del Instituto Latinoamericano y del Caribe de Planificación Económica y Social (ILPES), nº 43, CEPAL, Santiago de Chile.

solamente reflejan la producción de la economía formal y, por tanto, si consideramos la producción informal y el autoconsumo, así como las actividades de trueque, los datos sobre la producción local mundial mostrados en estas cifras oficiales constituyen solamente una aproximación que infravalora la producción local realmente existente.

Algunos países, como EE UU y Japón, muestran porcentajes de exportaciones en relación al PIB bastante reducidos (respectivamente el 10,2% y el 15,6% en 2021), es decir, poseen una menor *extraversión* comercial internacional o, dicho de otra forma, un grado mucho mayor de *articulación productiva interior*, lo que constituye una evidencia sobre las características estructurales básicas en las que se sustenta el desarrollo económico, un proceso que requiere fundamentalmente una importante *articulación productiva interna* en la economía, justo lo contrario de lo que una versión ideológica -pero muy extendida vulgarmente- suele señalar al insistir en que es el incremento continuado de las exportaciones lo que conduce al desarrollo.

Así pues, el núcleo dinámico del *sistema económico mundial*, compuesto por las grandes empresas transnacionales, está lejos de reflejar la totalidad de la producción mundial, ya que es solamente una parte de ésta. Es preciso incorporar la producción de las microempresas y pequeñas y medianas empresas (Mipymes), así como la de las cooperativas y grupos de la *Economía Social y Solidaria* y las actividades de la *Economía Informal*.

El Cuadro 2 muestra los datos de las exportaciones en porcentaje del producto interior bruto (PIB) en diferentes países de América Latina y El Caribe, que en el año 2022 eran en promedio aproximadamente el 30%.

Cuadro 2. América Latina y El Caribe. Exportaciones de bienes y servicios en porcentaje del PIB

	1980	1990	2000	2010	2018	2021
Argentina	5	23	11	17,5	14,3	18,3
Bolivia	25	23	18	41,2	26,0	27,8
Brasil	9	8	10	10,9	14,8	20,1
Chile	23	34	32	38,1	28,8	31,9
Colombia	16	21	17	15,9	15,9	16,3
Costa Rica	26	30	49	38,2	33,7	36,1
Rep. Dominicana	19	34	37	21,9	22,8	26,2
Ecuador	25	33	37	27,9	22,8	26,2
El Salvador	34	19	27	25,9	18,1	18,5
Guatemala	22	21	20	25,8	18,1	18,5
Honduras	37	37	54	45,8	41,8	38,5
México	11	19	31	29,9	39,3	40,4
Nicaragua	24	25	24	35,9	42,0	46,8
Paraguay	15	33	38	55,1	36,0	36,5
Perú	22	16	16	26,6	25,4	29,1
Uruguay	15	24	17	27,2	21,0	31,5
Venezuela	29	39	30	28,5	30,7	16,7
Promedio de América Latina y el Caribe, año 2022: 29,9%						

Fuente: https://datos.bancomundial.org/indicator

Por otra parte, pese a la predominante visión simplista (y apologética) sobre el mundo empresarial, como si estuviera compuesto exclusivamente por grandes empresas, lo cierto es que las microempresas, pymes y cooperativas de producción locales, así como la agricultura familiar y campesina, constituyen en todos los países la inmensa mayoría del tejido de unidades productivas existente.

Según datos de la Organización Internacional del Trabajo (OIT) **3/**, las pequeñas empresas, las microempresas, y las y los trabajadores autónomos constituyen más del 70% del empleo a nivel mundial (ver Cuadro 3).

Cuadro 3. Importancia del empleo según tamaño de las empresas, 2019

	Trabajo autónomo (1 persona)	Microempresas (2-9 personas)	Pequeñas empresas (10-49 personas)	Medianas y grandes empresas (más de 50 personas)
Mundo	32,8%	23,1%	14,3%	29,8%
América Latina y Caribe	31,3%	31,7%	11,1%	25,9%
Perú	38,9%	35,0%	7,4%	18,8%
España	10,2%	31,4%	27,6%	30,7%

Fuente: Organización Internacional del Trabajo: *Lo pequeño importa*, 2019.

Asimismo, la Organización de las Naciones Unidas señala que las microempresas y las pequeñas y medianas empresas (Mipymes) representan el 90% del total de empresas y aproximadamente el 50% del PIB, aunque en los países de bajos ingresos llega a suponer entre el 80% y el 90% del PIB **4/**. Además, un 74% de las Mipymes de todo el mundo funcionan en el sector informal de la economía, una cifra que asciende al 77% en los países de menor grado de desarrollo **5/**. La presencia de las Mipymes es, pues, un tema fundamental, tanto para el empleo como para la producción mundial. Se trata de un segmento de empresas de reducido tamaño que, sin embargo, constituye la espina dorsal de las economías y un factor clave para la reducción de la pobreza y el fomento del desarrollo económico, social y medioambiental.

Por su parte, en el medio rural, tal como señala la Organización de las Naciones Unidas para la Alimentación y la Agricultura (FAO, 2014) **6/**, en la actualidad existe un amplio acuerdo acerca de la importancia que tiene la *Agricultura Familiar* en la seguridad alimentaria, la generación de empleo, la mitigación de la pobreza y la conservación de la biodiversidad y las tradiciones culturales. Como se puede apreciar en el Cuadro 4, la *Agricultura Familiar* en América Latina y El Caribe representa más del 81% de las explotaciones

3/ Organización Internacional del Trabajo (2019): "Lo pequeño importa. Datos mundiales sobre las contribuciones al empleo de los trabajadores independientes, las microempresas y las pymes". https://www.ilo.org/infostories/es-ES/Stories/Employment/SMEs

4/ Naciones Unidas (27/06/ 2023): "Día de las Microempresas y las Pequeñas y Medianas Empresas". https://www.un.org/es/observances/micro-small-medium-businesses-day

5/ https://www.pymeseguros.com/las-pymes-son-%E2%80%9Cla-espina-dorsal-de-la-econom%C3%ADa-mundial%E2%80%9D-seg%C3%BAn-la-onu

6/ FAO (2014): "Agricultura familiar en América Latina y el Caribe. Recomendaciones de Política". Santiago de Chile.

agrícolas, aporta entre el 27% y el 67% del total de la producción alimentaria y genera entre el 57% y el 77% del empleo agrícola en la región.

Cuadro 4. Proporción de unidades agrícolas familiares respecto al total de explotaciones en América Latina y el Caribe

	Total de explotaciones agrícolas	Número de unidades agrícolas familiares	Porcentaje de la Agricultura Familiar sobre el total
América Latina y Caribe	**20.414.539**	**16.596.837**	**81,3%**
Países Andinos:	**5.078.283**	**4.051.342**	**79,8%**
Perú	2.213.506	1.754.415	79,3%
Ecuador	842.882	712.035	84,5%
Colombia	2.021.895	1.584.892	78,4%
Cono Sur:	**6.144.774**	**5.154.533**	**83,9%**
Argentina	333.477	218.868	65,6%
Brasil	5.175.489	4.367.902	84,4%
Chile	301.269	277.166	92,0%
Paraguay	289.649	269.559	93,1%
Centroamérica y México	**7.486.831**	**5.883.205**	**78,6%**
México	5.424.428	4.104.505	79,8%
Caribe	**1.704.651**	**1.507.757**	**88,4%**

Fuente: FAO (2014): *Agricultura familiar en América Latina y el Caribe: Recomendaciones de política.* Santiago de Chile

A pesar de toda esta evidencia, la referencia a esta realidad empresarial mayoritaria de pequeño tamaño, así como la importancia de la economía informal o de la Agricultura Familiar en el mundo, no suelen estar presentes en los manuales de la economía convencional, aunque son actores fundamentales para la construcción de estrategias de desarrollo territorial.

La *localización* económica como alternativa a la globalización

Desde hace más de tres décadas, Helena Norberg-Hodge (nacida en 1946 en Suecia), lingüista y cineasta, promueve un cambio sistémico de la globalización hacia la *localización* económica a nivel mundial. Tras vivir algún tiempo en una comunidad de la India (Ladakh), aprendió a valorar la importancia de los recursos locales y la cultura tradicional frente a las amenazas de la globalización económica y escribió sobre dicha experiencia **7/**; posteriormente, fundó y puso en marcha la organización internacional sin fines de lucro *Local Futures* **8/**, dedicada a renovar el bienestar ecológico y social mediante el fortalecimiento de las comunidades y las economías locales, tratando de promover un movimiento de *localización* a nivel mundial.

Entre los mitos que hemos interiorizado y que legitiman el discurso de la globalización, según señala

7/ Helena Norberg-Hodge (2000): *Ancient futures. Learning from Ladakh,* San Francisco: Sierra Club Books.
8/ www.localfutures.org

Norberg-Hodge (2020), se encuentra el de “cuanto más grande mejor”. Se trata de un mito que domina el pensamiento económico convencional y que presupone, por ejemplo, que las pequeñas y medianas empresas deben evolucionar en tamaño y dimensión para alcanzar su éxito empresarial. Sin embargo, ello no es así. Hay pequeñas empresas cuyo éxito no depende del tamaño, sino de una adecuada adaptación a su mercado local, a los rasgos específicos de identidad territorial (marca) o a su capacidad innovadora, tanto desde el punto de vista tecnológico como organizativo o medioambiental.

La cooperación en redes eficaces de información territorial, la calidad en el trato a sus clientes y la colaboración productiva, tecnológica, organizativa y medioambiental, son aspectos mucho más decisivos que el tamaño y la dimensión empresarial. Asimismo, la manera como se incorpora la *sustentabilidad ambiental* en los procesos productivos, esto es, la forma como tiene lugar la relación de dichas empresas con el medio ambiente local es un aspecto decisivo hacia el futuro.

La *crisis ecosocial* es en estos momentos una fase de la dinámica económica de largo plazo en la que están surgiendo constantemente nuevas e inspiradoras iniciativas locales con potencial para generar prosperidad y bienestar, tal como afirma Norberg-Hodge (2020). Por todo ello, es muy importante cambiar la manera convencional del análisis económico ya que el contexto en el que éste tiene lugar no es únicamente un *mercado global* controlado por grandes corporaciones transnacionales, sino un conjunto diverso de *sistemas productivos locales* en sus respectivos ecosistemas medioambientales.

Helena Norberg-Hodge (2020) insiste en algo importante: el sistema actual no es el único existente, y en todo el mundo vienen surgiendo desde hace tiempo numerosas iniciativas que tratan de estrechar lazos a nivel local y con la naturaleza. Son, por ejemplo, las iniciativas que buscan la proximidad en los circuitos de producción y consumo de alimentos, el trabajo en huertos comunitarios agroecológicos, las ferias o mercados de productos locales, o las cooperativas y redes de comercios de proximidad, entre otras.

Pero éstas no son las únicas propuestas locales alternativas a la globalización económica actual. Las iniciativas de *localización* son también muchas otras como las que se enfrentan a los temas tratados en los apartados anteriores sobre los Tratados de Comercio e Inversión, los mecanismos de resolución de controversias entre empresas y Estados (ISDS), las Zonas Económicas Especiales, la desregulación financiera, los paraísos fiscales, o todas las que se han ido levantando frente a la manipulación de nuestros deseos y necesidades llevada a cabo por los principales medios de comunicación, que han consolidado una falsa narrativa sobre la felicidad humana, presentando el estilo de vida occidental como la única vía posible, lo cual, además de destruir las diferentes culturas y la autoestima individual, ha acabado también provocando la crisis ambiental en la que nos encontramos.

Entre el conjunto de iniciativas de *localización* de actividades deben citarse, pues, todas las que despliegan su crítica a la globalización económica desde una visión amplia, entre las cuales podemos citar las siguientes:

- La promoción de *circuitos de proximidad* en la alimentación y agricultura local.
- La promoción de los *sistemas agroalimentarios locales* frente al sistema alimentario global basado en un *monocultivo* para la exportación en *cadenas globales de valor.*
- La prioridad a la defensa de la *biodiversidad* genética, de especies y ecosistemas.
- La prioridad a la *gestión de los recursos hídricos* y los *usos del suelo,* evitando su degradación y promoviendo su conservación.
- La promoción del *proteccionismo* para crear *empleos verdes* locales y salvaguardar recursos locales que de otra forma son expoliados por empresas multinacionales y grandes bancos internacionales.
- La dotación de *infraestructuras verdes* locales, revirtiendo la prioridad que actualmente tiene la financiación pública de las grandes infraestructuras de transporte, energía y telecomunicaciones en beneficio principal de la expansión de las grandes corporaciones empresariales privadas.
- Una *reforma fiscal progresiva* que grave las enormes ganancias que en las últimas décadas han beneficiado fundamentalmente a las grandes empresas y banca internacional.
- *Gravamen sobre la utilización de los combustibles fósiles* para frenar su continuada utilización y favorecer la transición hacia las energías renovables.
- Incorporación efectiva de las *energías renovables* de carácter descentralizado. Promoción de instalaciones de energías limpias para acceso a comunidades locales.
- Conocimiento de las *biorregiones.* Construcción de núcleos urbanos sustentables ambientalmente.
- Reforzamiento de los sistemas público y colectivo de *salud y sanidad locales,* con utilización complementaria de los sistemas de medicina tradicional contrastados.
- *Regulación* internacional de los movimientos especulativos del capital financiero, y eliminación de los *paraísos fiscales.*
- Promoción de las *finanzas locales* para asegurar el acceso al crédito preferente para microempresas, economía social y solidaria, Pymes, y actividades productivas sustentables de la economía informal.
- Promoción de *cooperativas de crédito locales.* Promoción de inversiones locales. Utilización de *monedas locales* y promoción de sistemas locales de intercambios (bancos de tiempo).
- Fomento de *compras locales,* promoción de ferias y mercados locales, prioridad de las *compras públicas* para impulsar la creación de empresas locales. Creación de redes de tarjetas de fidelización de compras locales.
- Promoción de sistemas de *educación* que incorporen la identidad territorial y el medio ambiente local.

- Promoción de los *medios de comunicación locales* comprometidos con el desarrollo territorial.

Desde una visión amplia de lo que Helena Norberg-Hodge (2020) promueve como “localización económica” frente a la globalización neoliberal pueden incorporarse también otros temas como:

- La denuncia de los *Tratados de Libre Comercio e Inversión,* y la eliminación de los *mecanismos ISDS* de los tribunales internacionales de arbitraje para la resolución de disputas entre Estados e inversores o empresas transnacionales.
- El establecimiento de reglas para el *cumplimiento por parte de las empresas multinacionales de los derechos humanos* a lo largo de todos los componentes de sus respectivas *cadenas globales de valor.*
- La crítica a la utilización del *Producto Interior Bruto* (PIB) como indicador de desarrollo social y ambiental y la utilización alternativa de indicadores socioeconómicos y de calidad medioambiental a nivel territorial.

Como puede apreciarse, en todos estos planteamientos reivindicativos hay numerosos movimientos sociales participando, quizá aún con un elevado grado de dispersión que resulta necesario ir eliminando a fin de alcanzar una presencia y resistencia mucho mayor frente al proyecto neoliberal.

Madrid, 29/06/2024

Francisco Alburquerque Llorens es economista, ha sido director de Desarrollo y Gestión Local del Instituto Latinoamericano y del Caribe de Planificación Económica y Social, miembro del Consejo Superior de Investigaciones Científicas y profesor de Estructura Económica Mundial y Desarrollo en la Universidad Complutense de Madrid.

Tricentenario del nacimiento de Kant
Las raíces kantianas de la dialéctica marxista

Alfredo López Pulido

■ El objetivo del presente trabajo es mostrar que la dialéctica como método de análisis de la realidad socio política que suele utilizar la tradición marxista hunde sus raíces mucho más en el pensamiento kantiano y no tanto en el hegeliano como normalmente se piensa.

Los orígenes de la dialéctica

Descartes solía imaginar la ciencia como un árbol, donde el tronco sería la matemática, sus ramas las diferentes ciencias y cuya rama más alta sería la moral, encargada de dirigir y orientar todo el proceso investigador. La tradición cartesiana siempre había entendido que la ética formaba parte de la ciencia como principio rector. La construcción de una ética geométrica es común a todos ellos, reservando las raíces del árbol para la metafísica. Esta imagen quería mostrar la correspondencia y unidad entre las ciencias y la filosofía. Dando a entender que su separación llevaría a construir un árbol sin raíces, sin cimientos. El proceder filosófico occidental siempre se había entendido como un estudio de las concepciones que subyacen a las teorías científicas. Que hoy en día se vea más asociada a las disciplinas más literarias se debe al idealismo alemán, con Hegel a la cabeza, donde todos sus componentes tenían formación teológica.

Podríamos construir el árbol moderno del pensamiento materialista, donde el tronco sería el marxismo y las raíces la dialéctica transcendental kantiana

Muchos de los problemas actuales proceden de aquí, de haber interpretado erróneamente la dualidad cartesiana separando las letras de las ciencias, la moral de la física, el árbol de sus raíces y haber construido un pensamiento que nace muerto, sin base. Donde la economía ha sustituido a la ética en el corazón de la política, de la gestión de la *polis*, desembocando en una razón inerte e instrumental. En un entendimiento analítico sin el papel regulador de la razón, como diría Kant. Parafraseando a Descartes, nosotros podríamos construir el árbol moderno del pensamiento materialista, donde el tronco sería el marxismo y las raíces la dialéctica transcendental kantiana.

Esta forma de intentar entender la realidad a partir de contraposiciones antitéticas procede originariamente del pensamiento oriental, principalmente de la filosofía taoísta. En ella el mundo está compuesto por dos fuerzas contrapuestas conocidas como el *ying* y el *yang*, que forman parte de una totalidad inmanente que las engloba, desprovista de cualquier tipo de transcendencia. Estas categorías son ficciones intelectuales (no tienen entidad real) y funcionan como herramientas, metáforas conceptuales necesarias para poder pensar esa Realidad unitaria llamada en principio Naturaleza, luego Cosmos y finalmente Universo. Realidad global, única, sin sujeto, sin sustancia, establecida y compuesta por una red de relaciones causales de la que todo y todos formamos parte, donde nada existe aisladamente sin relación con otros componentes de la misma. Esta forma dialéctica, a veces pagana, a veces hermética, de ver el mundo llega a Occidente de la mano de los presocráticos, siendo Anaximandro, Demócrito, Empédocles, Heráclito y Parménides sus figuras más destacadas. En todos, principalmente en los tres últimos, el Cosmos (orden en griego) se explica a partir de esas fuerzas enfrentadas.

De ahí (haciendo escala en Platón y Aristóteles), llegará al estoicismo y al epicureísmo. *De rerum natura,* de Lucrecio, sería la obra que condensaría todo este movimiento. Un trabajo que aúna ética y física. De aquí nacería, según Althusser, la corriente subterránea del materialismo que recorre toda la filosofía occidental hasta Marx, pasando por Maquiavelo, Spinoza y los materialistas ilustrados europeos. La filosofía crítica kantiana-fichteana y su concepto de *praxis* encajan perfectamente dentro de esta tradición y serían así parte de las raíces teóricas y prácticas de las que se nutre el pensamiento de Marx. Hegel empezará a construir su propia propuesta dialéctica como superación de la filosofía crítica kantiana-fichteana, tal y como la podemos encontrar en la *Fenomenología del espíritu* y en la *Ciencia de la lógica,* principalmente. La misma que Marx intentará poner *boca arriba.*

De Kant a Hegel. La transformación de la dialéctica

La gran diferencia entre la dialéctica kantiana y la hegeliana es que las contradicciones en Kant no tienen síntesis y con ello nunca se resuelve la tensión entre los términos (tesis y antítesis) que las componen. Sabido es que la *Crítica de la razón pura* puede interpretarse como un intento de fundamentación de la nueva ciencia mecanicista. Dividida básicamente en tres partes –estética transcendental, analítica transcendental y dialéctica transcendental–, su tema central es cómo es posible el conocimiento científico, cuáles son las condiciones de posibilidad de la experiencia científica; de ahí el término transcendental que acompaña a las tres partes mencionadas. Después de un periplo sinuoso por la matemática y la física, donde se muestran como ciencias ya consolidadas, Kant determina en la dialéctica transcendental la imposibilidad de la metafísica como ciencia. Pero el que no pueda ser una ciencia no la convierte en algo innecesario, muy al contrario, su función es representar un papel rector, moral, en la investigación científica a la hora de elegir entre unas opciones u otras. Según Kant, la elección, sea la que sea, debe estar marcada por el respeto a la dignidad de las personas, las cuales siempre deben ser tratadas como fines en sí mismas, nunca como medios.

Conviene aclarar que transcendental no tiene nada que ver con transcendente a pesar de compartir la misma raíz etimológica. Transcendental significa condiciones de posibilidad del conocimiento. Lo transcendental sería así la condición de posibilidad de la inmanencia. De ahí que Kant llame a su sistema idealismo transcendental y realismo empírico. El idealismo transcendental (no el idealismo a secas) es la condición de posibilidad de la objetividad científica. Es decir, la objetividad existe, pero es construida, mediada por el sujeto investigador que la construye. Estas condiciones establecen el marco necesario de lo que podemos considerar ciencia, realidad objetiva en cada momento. Aquí el pensamiento metafísico expresa la tensión entre las condiciones ideales de posibilidad y las condiciones reales de su ejecución. Exactamente igual que el proceder de la ciencia mecanicista desde Galileo que, al estudiar el movimiento, se remontaba a sus condiciones ideales en el vacío, sin ningún tipo de rozamiento, para desde ahí calcular su movimiento real. El mismo proceder que podemos observar en Marx cuando deduce las características reales del capital (dinero-mercancía-dinero plus) a partir de sus condiciones ideales (dinero-mercancía-dinero).

La dialéctica transcendental kantiana se desarrolla a partir de tesis contradictorias entre sí llamadas antinomias, sin posibilidad de solución, unas de corte idealista (existencia de la libertad, existencia de Dios y del alma inmortal) y otras de corte materialista (necesidad natural, infinitud del universo y finitud humana). Somos nosotros los que debemos optar moral y políticamente, nunca epistemológicamente, por una u otra y esa opción siempre será contingente, regulativa de nuestra experiencia socio política. Es sabido que Kant apuesta por las tesis materialistas contemplando la libertad como una ilusión, un postulado necesario. No somos libres, pero debemos actuar como si (*als ob*) lo fuéramos. La tensión ética entre elegir una opción u otra de dichas antinomias nunca desaparecerá. No hay algoritmos ni fórmulas qué nos puedan ayudar, sino incertidumbre y esfuerzo. Tampoco hay síntesis, sino reconciliaciones momentáneas e inciertas para ser resueltas provisionalmente de manera moral y política. Con qué derecho decidimos lo que decidimos, qué hace de nosotros defender una opción u otra, qué máxima debe guiar nuestra acción. Partimos, por educación social y familiar, de una metafísica interiorizada, heterónomaa; si no la sometemos a crítica, nos dirá Kant, si creeremos que somos así por naturaleza, no alcanzaremos la autonomía. Pensamiento

La tensión ética entre elegir una opción u otra de dichas antinomias nunca desaparecerá. No hay algoritmos ni fórmulas qué nos puedan ayudar, sino incertidumbre y esfuerzo

al que se recurre cuando se intenta justificar el estado de cosas existente, identificar naturaleza y cultura, atribuir a la naturaleza rasgos sociales como el interés o el egoísmo y definirlos como innatos. Sin embargo, Fichte solía decir que "el tipo de filosofía que se elige depende del tipo de persona que se es". Estamos obligados moralmente a someter a crítica nuestras propias convicciones.

Por el contrario, en Hegel ya viene dada la solución al dilema que plantean las tesis y las antítesis en una síntesis superadora de ambas que recoge lo mejor de ellas haciendo avanzar la historia hacia un final, un *telos* que supone una reconciliación con los hechos. "Todo lo real es racional". Así justifica Hegel, por ejemplo, la llegada de Napoleón a Berlín: "He visto al emperador a caballo, he visto la razón en la historia". Cuando al mismo tiempo Fichte critica a Napoleón por ser el termidor de la Revolución, Hegel lo ve como su continuador. Todos los acontecimientos que se den en la realidad pasan a ser racionales, simplemente por el hecho de que han ocurrido, como si no hubiese otras posibilidades, otras opciones, otras potencialidades. Sin embargo, hoy sabemos que el capitalismo y el Estado absolutista se podían haber evitado, había otros caminos que estaban explorando los movimientos milenaristas y revolucionarios al final de la Edad Media. No estaba determinado, no había una finalidad intrínseca, un determinismo histórico para que tuviera que ocurrir así. No había ningún tipo de síntesis que implicase que el capitalismo era la superación del medievo. Este tipo de análisis marxista de corte hegeliano determinista y finalista se ha pagado muy caro a lo largo de la historia, llegándose a justificar lo *injustificable*. No importaba lo que ocurriera porque la Historia siempre jugaba a nuestro favor, siempre estaba de nuestro lado, el socialismo llegaría casi sin hacer nada por las contradicciones internas del capitalismo.

Es curioso que todos los autores y autoras que han usado o intentado recuperar la dialéctica materialista, en la estela de Marx, él mismo incluido, aunque no siempre, han renunciado a la síntesis como método del análisis político. Pese a que han solido atribuir su interpretación a Hegel, realmente la dialéctica sin síntesis como venimos diciendo, como opción temporal, moral y política se encuentra en Kant, en su *dialéctica transcendental*. No está de más recordar que Marx titula algunos de sus principales trabajos con el kantiano término de *crítica*, *Contribución a la crítica de la economía política* y *Crítica de la filosofía del derecho de Hegel*.

Desde sus orígenes, la metafísica dialéctica siempre ha tenido dos vertientes: una procesual, dinámica, y otra ética, moral, que actúa como motor del cambio. Como venimos diciendo, supone un pensamiento global, que concibe la realidad como un todo unitario, compuesta por una red de fuerzas causales entre sí, las cuales definen a su vez a los elementos que las componen.

La tradición materialista en los marxismos

Dentro de la tradición marxista, a la hora de abordar o interpretar la situación política, suele ser más común recurrir constantemente al materialismo histórico y, sin embargo, salvo raras excepciones, apenas se hace ya referencia a su otro *hermano,* el materialismo dialéctico. A diferencia del histórico, mucho más mencionado y usado, el materialismo dialéctico no goza de muy buena salud y ha dejado de ser un referente dentro del pensamiento comunista. Buscar las causas de todo ello nos puede ayudar a solucionar algunos prejuicios y malentendidos.

Si bien está de sobra documentado el recurso que hace Marx al término materialismo para referirse a su interpretación de la historia a lo largo de toda su obra, en cambio, la denominación del materialismo dialéctico es más problemática. En principio se pretende sostener una interpretación de la naturaleza a partir de las leyes de la dialéctica hegeliana (salto de la cantidad a la cualidad, la lucha de contrarios, definidos como tesis y antítesis y su identidad en una síntesis superadora recuperando lo mejor de ambas).

Marx, ocupado en la redacción de *Das Kapital* acuerda con Engels que se ocupe de desarrollar la lectura materialista de la dialéctica hegeliana, la cual lleva a cabo principalmente en tres trabajos: *Dialéctica de la Naturaleza* (de 1883, obra inconclusa, quizás por la muerte de Marx, y construida desde apuntes y notas sueltas que Engels fue tomando lo largo de los años), *La revolución de la ciencia del Sr. Eugen Düring* (conocido como el *Anti-Düring,* publicado en 1878, supone una crítica a la concepción científica y política del profesor universitario Eugen Düring que intentaba desarrollar su propia versión del socialismo) y *Del socialismo utópico al socialismo científico* (que vino a ser un resumen del *Anti-Düring*). El objetivo filosófico de todo ello era poner boca arriba la dialéctica hegeliana que según Marx se encontraba boca abajo **1/**.

Estos tres textos son considerados hoy como parte principal del *corpus* doctrinal de la ideología marxista, porque en ellos adquieren carta de naturaleza los dos materialismos, el histórico y el dialéctico (encargado de desarrollar la concepción filosófico-científica de la Naturaleza). Es lo que daría sustento al llamado socialismo científico como oposición a los otros socialismos, denominados utópicos por Engels, de corte más idealista y libertario como el defendido por el profesor Düring.

Tarea continuada por Lenin, en *Materialismo y empiriocriticismo. Notas críticas sobre una filosofía reaccionaria,* principalmente, y en sus *Cuadernos filosóficos* posteriores. Una vez muerto éste, en 1924 y a partir de la publicación por Stalin de *Los fundamentos del leninismo,* el materialismo dialéctico o *diamat* pasa a ser el pensamiento filosófico oficial de la Unión Soviética estalinista. Trotsky en sus últimos trabajos de 1939, *En defensa del marxismo* y sus apuntes filosóficos defenderá un materialismo dialéctico leninista frente a su apropiación por parte del estalinismo.

Publicado en 1909, *Materialismo y empiriocriticismo,* es un libro escrito deprisa, dentro de una coyuntura histórica concreta y supone un ataque contra la filosofía idealista represen-

1/ "En Hegel la dialéctica anda cabeza abajo. Es preciso ponerla sobre sus pies para descubrir el grano racional encubierto bajo la corteza mística", *El Capital,* tomo I, segunda edición alemana.

tada según él, y en ese momento, por el positivismo de Ernst Mach (uno de los referentes del futuro Círculo de Viena, que curiosamente contará con un marxista entre sus filas, Otto Neurath), al que Lenin asocia a Kant a través del neokantismo epistemológico dominante en la socialdemocracia alemana. En sus *Tesis de abril*, Lenin hará una autocrítica de este trabajo. Es curioso que Lenin haga mención a Engels para recordar que el materialismo dialéctico nunca puede estar definido completamente porque tiene que incorporar los avances científicos a su propio desarrollo y poder así actualizarse.

Sin embargo, hoy en día padece cierto ostracismo al ser su rígido determinismo finalista y su teoría del reflejo como conocimiento de la realidad muy poco compatible con el desarrollo de la propia física. La mecánica cuántica y su principio de incertidumbre es un claro ejemplo de las dificultades que supone hoy defender un materialismo dialéctico clásico. El mal envejecimiento que ha tenido el libro y el leninismo soviético puede que haya sido una de las razones por las que apenas se mencione o se evita referirse a él como tal.

La Escuela de Frankfurt ha venido utilizando la, llamada por Adorno, dialéctica negativa, que resalta los antagonismos sociales sin ningún tipo de síntesis

La Escuela de Frankfurt ha venido utilizando la, llamada por Adorno, dialéctica negativa, que resalta los antagonismos sociales sin ningún tipo de síntesis. Pero el concepto de materialismo dialéctico no suele aparecer ni en Benjamin, Horkheimer, Adorno, Marcuse o Habermas, que solo se plantea una reconstrucción del histórico. Al igual ocurre en la escuela anglosajona de historiadores marxistas (Hobsbawm, Thompson...) centrada más en establecer una lectura materialista de su disciplina. O en el *operaismo* italiano, donde los filósofos de la autonomía obrera, Antonio Negri o Mario Trontti apenas lo utilizan en sus análisis. Tampoco los *neo-operaistas,* como Franco Berardi o Sergio Bologna. Siguiendo la estela de Trostky sí encontramos algunas referencias en Bensaid, más en Mandel y Löwy que curiosamente ven la dialéctica marxista como superación de la hegeliana porque elimina el determinismo y (de nuevo) la síntesis (conciliadora) de las contradicciones sociales. El materialismo dialéctico solo tiene un resurgir en el maoísmo que siguió considerando a Stalin como heredero de Lenin. *Las tesis filosóficas* de Mao sobre la contradicción principal y el aspecto principal de la contradicción dan buena muestra de ello. Dentro de nuestras fronteras, Manuel Sacristán siempre fue muy crítico con el concepto de *dialéctica* como parte integrante del marxismo, o Martínez Marzoa, al sostener que ambos materialismos son una creación de la tradición marxista y no del propio Marx. Montserrat Galcerán también es de una opinión muy parecida, atribuyendo más a los trabajos de Engels que a Marx la *invención* del marxismo como ideología política. Como hemos apuntado antes, se cree que una de las causas que ha dejado obsoleto el materialismo dialéctico es el desarrollo de las ciencias naturales, sobre todo de la física.

¿Hacia un nuevo materialismo dialéctico?

Sin embargo, en los últimos años han aparecido publicaciones de autores como Fredric Jameson (*Variaciones Hegel*) o sobre todo Slavoj Zizek (*Menos que nada* y *Contragolpe absoluto*) que intentan una actualización del viejo materialismo dialéctico. Su idea es que se puede hacer una lectura materialista, que ya se encuentra en Hegel, sin tener necesidad de ponerla boca arriba como quería Marx. Aunque estos autores ya no hablan del espíritu absoluto hegeliano como sustancia o sujeto, sino como proceso o relación. Al igual que Marx cuando define el comunismo como un movimiento continuo (Marx/Engels 2014) y no como un estado de cosas. No estamos muy lejos de Spinoza y su concepción de la Naturaleza como una red de causas y efectos.

Zizek establece tres tipos de materialismo en la actualidad: el naturalismo científico, el subterráneo estructuralista de Althusser (mencionado al principio), y el neodeleuzeiano de corte spinozista (Zizek, 2015). Él propone un materialismo dialéctico de nuevo cuño a partir de la lectura que Lacan hace de Hegel, que incorpore al inconsciente freudiano (Zizek, 2016). Esta lectura vendría a resolver el problema kantiano que, como hemos visto más arriba, hacía depender la objetividad científica del marco transcendental como condición de su posibilidad. Se detecta cierta confusión entre los planos ontológico y epistemológico. Una cosa es que la Realidad exista objetiva e independientemente de nosotros (plano ontológico) y otra que la forma que tenemos de conocerla necesite de un marco de categorías conceptuales diseñadas por los sujetos investigadores (plano cognoscitivo o epistemológico).

Realmente, el materialismo althusseriano y el deleuziano se complementan. Ambos son un inmanentismo de corte spinozista y ambos son corroborados por el materialismo científico en la actualidad. La recuperación del materialismo dialéctico debe ser compatible con el desarrollo de la ciencia; quizás sea ésta la que deba decidir críticamente, sin dogmatismos ni oscurantismo, qué adjetivo debe acompañar al término materialismo si es que necesita alguno, pero ese es otro debate.

El uso de la dialéctica en el marxismo ecológico

Jason Moore en *El capitalismo en la trama de la vida* (Moore, 2020) sostiene que debemos abandonar los dualismos e interpretar dialécticamente la Naturaleza/Realidad, única manera de poder pensar de forma global, holística. Hoy en día, la contradicción principal, capital/trabajo, se expresa en la crisis ecosocial que padecemos, motivada según Moore por la incapacidad del capital para expandirse debido a los límites planetarios (porque nos quedamos sin planeta habitable) y al haber agotado la naturaleza barata (alimentos, fuerza de trabajo, energía y materias primas). De hecho, solo existe esta contradicción, esta crisis, las demás contradicciones están subsumidas en ella, a las que hay que darles respuesta, por supuesto, pero sin olvidar que todas son partes de una misma problemática global. La crítica de Andreas Malm contra el productivismo capitalista estaría en esta línea (Malm 2021). Autores como Kohei Saito o Kevin Anderson, que intentan recuperar al Marx más ecologista e indeterminista atento a todo este tipo de problemáticas, van también en la misma dirección, aunque existan diferencias entre ellos. En esta dialéctica tampoco hay síntesis: lo que venga después, la salida de la crisis, suponga o no el fin del capitalismo, no garantiza que vaya a ser mejor. Sea viable o no, el materialismo dialéctico o la dialéctica, en lo que coinciden todos o casi todos como hemos ido viendo, es en su vertiente ética porque establece una tensión entre lo que hay y lo que debería haber y en la necesidad de pensar la realidad y sus contradicciones como una totalidad de la cual formamos parte. Esto nos acercaría a un marxismo indeterminado, no finalista, sin ningún tipo de síntesis, ni de atajos históricos, donde todos los avances deben ser consolidados, siendo conscientes de su permanente provisionalidad y contingencia absoluta.

Autores como Kohei Saito o Kevin Anderson, que intentan recuperar al Marx más ecologista e indeterminista atento a todo este tipo de problemáticas, van también en la misma dirección

En este sentido, junto con Luis Martínez de Velasco, estamos intentando llevar a cabo una reconstrucción de la tradición materialista occidental desde la época clásica hasta la modernidad. En un primer trabajo buscamos las conexiones entre Spinoza y Kant a partir del subsuelo estoico que compartían (López y Martínez, 2022), para después estudiar la influencia de estos sobre Fichte (López y Martínez, 2024). Queriendo terminar este recorrido reconstructivo con Walter Benjamin y Antonio Gramsci. Al marxismo solo le vale reconocerse como incierto si quiere ser capaz de superar las aporías a las que nos enfrentamos hoy en día. Podríamos llamar transcendental a este materialismo **2/** marxista de corte kantiano-fichteano, crítico y sin síntesis, con raíces spinozistas que establece las condiciones de posibilidad del mismo en su acepción o interpretación político moral de las tensiones que generan las antinomias; aun sabiendo que la historia no juega a nuestro favor y que nos podemos equivocar en la apuesta por dichas soluciones. Una especie de *idealismo* materialista *sui generis* como única posibilidad para no desembocar en un materialismo vulgar, empirista, positivista que trata los hechos como dados, que se reconcilia con los hechos al explicarlos desde los hechos mismos, desde el hegeliano *todo lo real es racional.*

2/ No entraremos en el debate sobre el significado del término materialismo al igual que hemos hecho con el de dialéctica. Siendo conscientes de la polisemia que envuelve a ambos conceptos, llamaremos sin más materialismo a la filosofía de Marx y Engels, tal y como ellos la formularon.

Conclusiones

El caso de Walter Benjamin sería paradigmático al criticar en sus tesis *Sobre el concepto de historia* esa interpretación literal, determinista y teleológica que estaba haciendo cierto marxismo. El proletariado fue educado para creer que la historia corría a su favor y esperando que madurasen las contradicciones inherentes al capitalismo, el socialismo llegaría casi solo, prácticamente sin hacer nada para ello, por necesidad histórica, con el desarrollo de las fuerzas productivas, donde se obraría la síntesis hegeliana entre las contradicciones de la burguesía (tesis) y los trabajadores (antítesis). De ahí su nulidad frente al fascismo que se veía como algo arcaico, irracional, que no triunfaría al no ser racional, ya que iba contra el repetido y conocido aserto hegeliano de identificar lo real y lo racional (el fascismo no lo es, el socialismo sí lo es, luego acabará siendo real). Hoy, el socialismo no ha llegado y no se ve tampoco cercano a pesar de la crisis sistémica del capitalismo; es más, parece que vamos a peor, que entramos en una etapa de reflujo. La crisis y su salida no garantizan nada. Nuevamente, no hay atajos, no hay nada determinado, la historia no obedece a leyes naturales ni tiene ninguna finalidad oculta.

Benjamin contemplaba la revolución como una forma de detener el crecimiento capitalista (decrecimiento, lo denominaríamos hoy). Alegóricamente hablaba de la necesidad de tirar de los frenos de emergencia del tren del progreso capitalista, del desarrollo desmedido, porque si no desembocaríamos en la barbarie. Hoy, más de ochenta y cuatro años después, la situación se ha agravado, parece que vamos en un tren sin frenos de emergencia. Un tren que llegará a su destino, como el de los hermanos Marx en el Oeste, pero ya no quedará ningún tipo de tren reconocible, sin vagones al haber gastado todos los materiales por el camino. Algo muy parecido, siguiendo con la metáfora, al teorizado posible colapso que nos espera.

De sus *Tesis* se desprende un materialismo que contempla la explotación del ser humano y la explotación de la Naturaleza como las dos caras de una misma moneda. Un materialismo atento a esos caminos no recorridos, no determinados por la historia para poder alumbrar como un relámpago cualquier chispa, cualquier oportunidad para que pueda estallar la revolución. Estando permanentemente alerta como centinelas, prestando mucha atención a esos pequeños momentos que pasan desapercibidos. Los grandes momentos revolucionarios casi siempre han comenzado con revueltas por temas concretos, que poco tenían que ver con actos premeditados, ni habían sido programados estratégicamente para hacer la revolución, sino que ésta se la han encontrado de camino.

Este sería el tipo de materialismo que necesitamos, un *materialismo aleatorio* podríamos decir, que pueda conjugar y declinar todas las contradicciones a las que nos enfrentamos, que sea capaz de dar respuesta a todo tipo de explotación y alienación, sea la que sea y vengan de donde venga. Benjamin definía la dialéctica como una imagen que conecta la herencia revolucionaria del pasado con el presente. Pasado que nos implora moralmente a seguir luchando por una humanidad más justa en un planeta habitable para todas las especies.

Alfredo López Pulido es profesor doctor en filosofía

Referencias

Anderson, Kevin B (2024) *Marx en los márgenes.* Barcelona: Verso.
Althusser, Louis (2002) *Para un materialismo aleatorio.* Madrid: Arena Libros.
Benjamin, Walter (2021) *Tesis sobre el concepto de historia.* Madrid: Alianza
Descartes, René (1995) *Principios de la filosofía.* Madrid: Alianza.
Engels, Friedrich (1964) *Anti-Dühring.* Barcelona: Grijalbo
Engels, Friedrich (2017) *Dialética de la naturaleza.* Madrid: Akal.
Galcerán, Montserrat (2023) *La invención del marxismo.* Madrid: Traficantes de Sueños.
Kant, Inmanuel (1984) *Crítica de la razón pura* (KrV). Madrid: Alfaguara.
Lenin, Vladimir I; (1974) *Materialismo y empiriocriticismo.* Moscú: Ediciones en Lenguas Extranjeras.
López Pulido, Alfredo y Martínez de Velasco, Luis (2022) *Crítica de la razón virtuosa.* Madrid: Ápeiron.
López Pulido, Alfredo y Martínez de Velasco, Luis (2024) *El dilema de Fichte.* Madrid: Ápeiron.
Malm, Andreas (2021) *Capital fósil.* Madrid: Capitán Swing.
Marx, Karl, (2022) *El Capital.* Madrid: Akal.
Moore, Jason W (2020) *El capitalismo en la trama de la vida.* Madrid: Traficantes de Sueños.
Marx, Karl/ Engels, Frederich (2014) *La ideología alemana.* Madrid: Akal.
Saito, Kohei (2021) *La Naturaleza contra el capital.* Barcelona: Bellaterra.
(2022) *El capital en la era del antropoceno.* Barcelona: Ediciones B.
Zizek, Slavoj (2015) *Menos que nada.* Madrid: Akal.
(2016) *Contragolpe absoluto.* Madrid: Akal.

"Contra la nocividad": balance del Otoño caliente de 1969 1/

Lorenzo Feltrin

■ Recientemente se ha publicado el libro de Gianni Sbrogiò *L'autonomia di classe a Porto Marghera: Lotte e percorsi politici tra gli anni sessanta e settanta* (Agenzia X, 2022), que ofrece una versión actualizada de algunos materiales ya publicados en *Quando il potere è operaio: Autonomia e soggettività politica a Porto Marghera (1960-1980)* (Manifestolibri, 2009), editado por Devi Sacchetto y Gianni Sbrogiò. Todos los números de *Lavoro zero* y *Controlavoro*, la revista y el boletín del grupo operaista de Porto Marghera, también están disponibles en línea. Es, pues, una excelente ocasión para poner en línea **2/** el texto "Contra la nocividad", una de las primeras elaboraciones sistemáticas del grupo sobre el tema.

Firmado por el Comité Político de los Obreros de Porto Marghera, "Contra la nocividad" fue presentado el 28 de febrero de 1971 en la Convención de los Obreros del Véneto celebrada en el Cine Marconi de Mestre. El Comité Político era una alianza entre las secciones locales de Potere Operaio e Il Manifesto, pero, más allá de las siglas, este documento es más bien un testimonio de la teoría y la práctica sobre la nocividad desarrolladas por el grupo operaista de Porto Marghera **3/**.

El origen del grupo se remonta a principios de los años sesenta, cuando intelectuales y estudiantes de Padua y Venecia se reunían con obreros críticos con las direcciones del Partito Comunista Italiano (PCI) y el gran sindicato Confederazione Generale Italiana del Lavoro (CGIL). Porto Marghera fue el contexto en el que teóricos como Antonio Negri, Mariarosa Dalla Costa y Massimo Cacciari dieron sus primeros pasos antes de alcanzar notoriedad. En cambio, las reflexiones de los propios militantes de la fábrica han caído en el olvido. Sin embargo, se trata de una experiencia digna de mención, porque vio –a partir de 1968– a obreros y empleados de fábricas contaminantes oponerse abiertamente a la degradación medioambiental provocada por su propio lugar de trabajo.

El bastión del grupo operaista en Porto Marghera era la planta Petroquímica de Montedison **4/**, pero la organización también estaba presente en otras fábricas, en particular en la Châtillon y AMMI. La figura más destacada de su

1/ La traducción de este texto es de *Ediciones Pensamiento* y *Batalla de Chile*, y la reproducimos con su permiso.

2/ A lo largo de su existencia, el grupo utilizó diferentes siglas (Potere operaio, Comitato operaio, Comitato politico, Assemblea autonoma, Lavoro zero, Controlavoro, Collettivo di lotta contro le produzioni nocive, etc.) en diferentes momentos o para diferentes propósitos. En aras de la simplicidad, aquí se le denomina "grupo operaista de Porto Marghera".

3/ Feltrin, Lorenzo y Sacchetto, Devi (2021) "The work-technology nexus and working-class environmentalism: Workerism versus capitalist noxiousness in Italy's Long 1968", *Theory and Society*, 50 (5); pp. 815-835.

4/ Zazzara, Gilda (2009) *Il Petrolchimico*. Padova: Il Poligrafo.

pensamiento sobre la nocividad fue el técnico Augusto Finzi. Nacido en 1941 en el seno de una familia judía de Venecia, Finzi pasó parte de su primera infancia en un campo de refugiados en Suiza para salvarse de la Shoah, en la que la industria química alemana -la más avanzada de la época- desempeñó un papel tan crucial como escalofriante. En 1960, Finzi se graduó en el Instituto Pacinotti de Mestre e inmediatamente empezó a trabajar en el departamento de Cvm-Pvc de la planta Petroquímica. Desapareció en 2004, muriendo prematuramente de cáncer, como muchos de sus compañeros de trabajo.

La propuesta del grupo evolucionó con el tiempo, pero se pueden identificar cuatro puntos fundamentales:

1) la nocividad intrínseca del trabajo capitalista;
2) un enfoque antagónico-transformador de la tecnología capitalista;
3) la conexión entre las luchas en el lugar de trabajo y las luchas en el territorio;
4) una autovalorización de clase entendida como la determinación de "qué, cómo y cuánto producir" en función de las necesidades colectivas, incluida la ecología.

Esta crítica ya apuntaba a una perspectiva emancipadora de lucha por una tecnología anticapitalista compatible con la reproducción sostenible de la vida en el planeta.

Gianni Sbrogiò describe el contexto en el que se escribió "Contra la nocividad":

"En septiembre de 1970, en la convención del Potere Operaio de Bolonia, se aprueba la propuesta de unión con el grupo Il Manifesto. En Marghera esto ocurrió en diciembre de 1970 con la creación del Comité Político. (...) A mediados de 1971 terminó el intento de unión con Il Manifesto, pero nuestra lucha por permanecer menos en la fábrica continuó y en abril de 1974 el Comité Obrero (autónomamente) consiguió una reducción de hora y media de trabajo al día para los departamentos más perjudiciales de la AMMI" **5/**.

"Contra la nocividad" es un balance del Otoño caliente de 1969 y una primera sistematización de las reflexiones del grupo sobre la nocividad, que hasta aquel momento habían estado dispersas en multitud de panfletos y artículos breves. La nocividad se ve a través del prisma de la "estrategia del rechazo": el trabajo capitalista es la producción de valor y, por tanto, la reproducción de una sociedad de explotación; por tanto, la lucha de clases no se entiende como la afirmación del trabajo, sino como su negación. En palabras de Mario Tronti: "La lucha de los obreros contra el trabajo, la lucha del obrero contra sí mismo como trabajador, el rechazo de la fuerza de trabajo a convertirse en trabajo" **6/**. La combinación del recha-

5/ Comunicación privada con el autor.
6/ Tronti, Mario (2001 [1966]) *Obreros y capital.* Madrid: Akal.

zo del trabajo con las desastrosas condiciones de seguridad experimentadas en las fábricas del *boom* industrial llevó al grupo a desarrollar la idea clave de la nocividad inherente al trabajo capitalista. En aquella época, la consigna de las plataformas reivindicativas obreras era, por tanto, "más dinero, menos trabajo", una expansión cuantitativa de las necesidades de clase orientada a alcanzar el punto de ruptura de la incompatibilidad con el capitalismo.

"Contra la nocividad" distingue entre una nocividad "tradicionalmente entendida" –factores de riesgo tangibles, como explosiones, polvo, gases tóxicos, etc.– y una nocividad intangible, inherente a la organización capitalista del trabajo, que hace del trabajador (¡y de la trabajadora!)

> "un ser alienado, una pieza de la máquina productiva completamente desvinculada de la finalidad de su trabajo y sometida al desgaste continuo que provoca en él una utilización inhumana de su fuerza de trabajo, ya que es capitalista, ligada únicamente al beneficio de la clase dominante".

Una lucha por la salud que sólo se oponga a la nocividad tangible se considera insuficiente porque está destinada a ser controlada y convertida en algo funcional a la reestructuración capitalista, dejando intacto el problema crucial: la prioridad de la producción de valor sobre la reproducción de la vida. Este análisis puede leerse como una crítica *ante litteram* del capitalismo verde, así como una anticipación de la crisis actual de la salud mental: "En el nuevo tipo de fábrica, junto a una modesta reducción de las enfermedades tóxicas y, por tanto, profesionales en el sentido clásico, se producirá un fuerte aumento de las enfermedades psicosomáticas".

Este análisis puede leerse como una crítica *ante litteram* del capitalismo verde, así como una anticipación de la crisis actual de la salud mental

Siguiendo la estela trazada por Raniero Panzieri **7/**, la crítica a la tecnología capitalista –entendida como resultado de procesos conflictivos y relaciones de poder determinadas y no como un desarrollo neutro carente de alternativas– estaba presente en textos anteriores a "Contra la nocividad", en particular en el manifiesto de 1970 "El rechazo del trabajo" (recogido en el libro de Gianni Sbrogiò). Se necesitaban máquinas más seguras, "pero para tener estas plantas quizás debamos tener una nueva raza de ingenieros, que construyan máquinas no para destruir la salud y aumentar las ganancias de forma desproporcionada" (panfleto de fábrica, 28/11/1968). El grupo adoptó así un enfoque antagonista-transformador de la tecnología capitalista que eludía tanto la posición instrumentalista,

7/ Panzieri, Raniero (2014 [1961]) "El uso capitalista de la máquina: Marx frente a los 'objetivistas'", "Marx desde cero", https://kmarx.wordpress.com/2014/09/10/el-uso-capitalista-de-la-maquina-marx-frente-a-los-objetivistas

según la cual la tecnología capitalista es un medio neutro inmediatamente posible de reorientar hacia fines anticapitalistas, como el rechazo de la tecnología como tal.

"Contra la nocividad" también se destaca por identificar el territorio, y en particular los barrios obreros, como lugar de la lucha de clases en el punto de reproducción:

"El propio barrio obrero (...) es en definitiva una gran jaula donde se encierra a los proletarios para exprimirles más (...). También se puede encontrar en él una clara nocividad del medio ambiente ligada a la contaminación de los humos de las fábricas".

La influencia de los análisis feministas que surgían en la época sobre el trabajo reproductivo no asalariado es aquí evidente, aunque no sea explícita **8/**. 1971 es precisamente el año de la creación de Lotta Femminista, en una ruptura con un operaismo tardío en este sentido.

En mi opinión, en retrospectiva, la lectura del rol de los sindicatos y de las reformas propuestas por "Contra la nocividad" aparece como excesivamente unilateral, hasta el punto de que hoy nos encontramos defendiendo lo que queda del sistema de salud pública con una vocación universal generada por las luchas de los años setenta. La crítica al "modelo obrero" desarrollado por Ivar Oddone y sus colaboradores de la Cámara del Trabajo de Turín **9/** es también poco generosa, en la medida en que no reconoce la deuda del propio grupo operaista de Porto Marghera con la experiencia turinesa. Una experiencia en muchos sentidos extraordinaria, que luego tuvo importantes repercusiones en América Latina, influyendo en obras tan importantes como *La salud en la fábrica* (Era, 1989) de Asa Cristina Laurell y Mariano Noriega. En cualquier caso, la unilateralidad de "Contra la nocividad" debe verse a la luz de la competencia del grupo con los sindicatos, en un contexto de fuerte afirmación de la autonomía obrera, y no como un dogma con pretensiones de universalidad.

En el transcurso de la década de 1970 (y, por tanto, con posterioridad a la redacción de "Contra la nocividad"), el grupo llegó a la conclusión de que -para hacer frente a la nocividad en su conjunto- la reducción cuantitativa de la jornada laboral debía ir acompañada de profundas transformaciones cualitativas en la producción. Así pues, no sólo para lograr "más salarios, menos horas", sino también para decidir "qué, cómo y cuánto producir". La articulación de reivindicaciones cuantitativas y cualitativas es importante, porque -como también leemos en este texto- el operaismo criticaba las plataformas demasiado desequilibradas hacia el aspecto cualitativo por ser cooptadas por formas de cogestión en las que los representantes de las y los trabajadores colaborarían en racionalizar su propia explotación. Por otra

8/ Dalla Costa, Mariarosa y James, Selma (1975 [1972]) *El poder de la mujer y la subversión de la comunidad*. México: Siglo XXI.
9/ Davigo, Elena (2017) *Il movimento italiano per la tutela della salute negli ambienti di lavoro (1961-1978)*. Tesis de doctorado, Università degli Studi de Firenze.

parte, sin embargo, era necesario reconocer que incluso una fábrica imposible, totalmente automatizada y desprovista de trabajadores, podría haber generado fuertes molestias externas en ausencia de una transformación cualitativa del proceso de producción. Fue así como el grupo rechazó la autovalorización en clave ecológica.

Creo que la teoría de la nocividad elaborada por el grupo operaista de Porto Marghera sigue siendo relevante para el ecologismo anticapitalista en estos tiempos de pandemias y cambio climático, cuando el impacto de la nocividad capitalista es tan evidente. La propia pandemia de la covid-19 fue una manifestación del "chantaje salud/medio ambiente-trabajo" a escala global. Pero a un nivel más profundo, dado que en nuestra sociedad el sustento de la clase trabajadora depende del trabajo capitalista, es necesario un crecimiento económico infinito para mantener y crear puestos de trabajo independientemente de las consecuencias medioambientales. Por tanto, el chantaje del empleo no es una mera ficción ideológica y no sólo afecta a las grandes industrias contaminantes. Es una característica intrínseca de la sociedad capitalista en su conjunto.

Si las necesidades reproductivas -como la necesidad de un medio ambiente salubre- son la base material del ecologismo de la *working class* **10/**, el nexo entre la reproducción de clase y el trabajo capitalista es la base material del negacionismo *working class*. Como sugiere el texto que sigue, la nocividad capitalista es un terreno de organización que puede abordarse mediante una "exigencia política de unificación de clase, unificada precisamente por la dependencia común del trabajo". La crítica del trabajo capitalista y de la neutralidad de su desarrollo tecnológico, la conexión entre las luchas en el lugar de trabajo y las luchas territoriales y la articulación de reivindicaciones cuantitativas (redistribución de la riqueza y reducción de la jornada laboral) y cualitativas (transformación ecológica de la producción) son sugerencias útiles en la lucha por desvincular el acceso a los medios de vida de la nocividad capitalista.

Contra la nocividad 11/

Comité Político de los Obreros de Porto Marghera (1971)

1-La lucha contra la nocividad

Al afrontar el problema de la nocividad en la fábrica, hay que distinguir inmediatamente entre una forma de nocividad, tal como se entiende tradicionalmente, vinculada al ambiente de trabajo (sustancias tóxicas, humos, polvo, ruido, etc.) y la vinculada más ampliamente a la organización capitalista del

10/ Barca, Stefania y Leonardi, Emanuele (2018) "Working-class ecology and union politics: A conceptual topology", *Globalizations*, 15 (4), pp. 487-503.

11/ Texto original en italiano: https://effimera.org/contro-la-nocivita-operaismo-ed-ecologia-nel-lungo-68/; en inglés: https://viewpointmag.com/2021/04/01/against-noxiousness-1971/ [N. de. T.]

trabajo. No cabe duda de que, en última instancia, es este segundo tipo de nocividad el que afecta más profundamente al equilibrio psicofísico del trabajador. Hace de él un ser alienado, una pieza de la máquina productiva completamente desvinculada de la finalidad de su trabajo y sometida al desgaste continuo que provoca en él una utilización inhumana de su fuerza de trabajo, ya que es capitalista, ligada únicamente al beneficio de la clase dominante.

A este propósito, conviene subrayar que hoy una reducción de la nocividad tradicional tiende también a favorecer directamente los intereses del capitalismo: por una parte, porque ello coincide con un proyecto necesario de reestructuración tecnológica en una fase de concentración acelerada del capital; por otra parte, para evitar un desgaste demasiado rápido de la fuerza de trabajo, que revierte en un fuerte aumento de los costes sociales (pensiones, seguridad social, etc., en el marco de la integración Estado-Capital). En el nuevo tipo de fábrica, junto a una modesta reducción de las toxinas y, por tanto, de las enfermedades profesionales en el sentido clásico, se producirá un fuerte aumento de las enfermedades psicosomáticas con alteraciones de las funciones intestinales, circulatorias y neurológicas, en relación con el nuevo tipo de explotación intensiva.

Los horarios, los ritmos, los turnos, la división en cualificaciones y todos los demás instrumentos de la organización capitalista del trabajo deben, por tanto, ser duramente golpeados en una lucha general contra la nocividad.

Si, de hecho, a través de modificaciones técnicas parciales (funcionales también a la necesidad de renovación tecnológica continua de la fábrica capitalista), el patrón puede responder a una lucha librada sólo contra el primer tipo de nocividad, en cambio, una lucha más vasta, que invierta toda la organización del trabajo, chocará sustancialmente con sus intereses. El último ciclo de luchas muestra que la clase obrera ha comprendido esto y está haciendo suyos los objetivos correctos de unificación. Pero detrás de la afirmación (que en sí misma es una pura afirmación de principios) de que la nocividad es inherente a la organización del trabajo se esconden otras fuerzas; para desenmascararlas es necesario hacer una evaluación de las luchas de los dos últimos años. En primer lugar, nos encontramos con una línea sindical sobre el problema de la salud que puede resumirse con el término *monetización de la nocividad.* A condiciones particulares de nocividad del trabajo debe corresponder un gasto particular del patrón, una partida específica del salario, y aquí están las diversas formas de compensación de la nocividad. Esta línea sindical profundiza la línea *histórica*: al aumento del gasto de trabajo, del que forman parte las condiciones nocivas, a una condición particular, más intensa, de la oferta de trabajo (el obrero puede vender su fuerza de trabajo rápidamente desgastada durante menos tiempo), debe corresponder una retribución más elevada. La relación entre salario y trabajo se mantiene e incluso se refuerza. No sólo eso; en las condiciones históricas particulares en las que el sindicato perseguía un discurso de monetización, se garantizaba el interés capitalista, incluso del patrón individual: el interés en *pagar* la nocividad en los momentos en que una intervención en el ciclo de producción, en las máquinas, hubiera sido proporcionalmente demasiado costosa o imposible.

Dentro de la última gran fase de luchas, emerge con fuerza la consigna contraria: el rechazo a cualquier monetización, *la salud no se paga*. Con tanta fuerza, que también debe ser asumida por el sindicato, pero distorsionada por éste. Porque para el sindicato el rechazo de la monetización significa un discurso que pretende negociar la organización capitalista del trabajo: *reformarla, recomponer el trabajo* y, sin embargo, hacer valer la pretensión sindical de decidir sobre la cantidad y la orientación de las inversiones. Así, la fábrica presenta ahora propuestas como el cierre del departamento en el que la concentración tóxica supera la MAC **12/**. Lo único que consigue es crear comités paritarios en los que los *técnicos sanitarios* de ambas partes, pasando por encima de los trabajadores, acuerdan los niveles de tolerancia a los *tóxicos* de la fuerza de trabajo (de este modo, en realidad bloquean la lucha obrera aplazando la solución del enfrentamiento a un momento de mayor delegación. Por ejemplo, en Miralanza el comité paritario sirvió para apagar una lucha muy dura). En el plano tendencial, pues, el sindicato -al darse cuenta de que es continuamente desbordado por la propia espontaneidad de los obreros- intenta superar los comités paritarios, pero sólo lo hace para profundizar el vínculo o, más bien, la subordinación de los obreros a la explotación mediante la llamada *validación consensual*, es decir, la participación de los obreros en la definición de las condiciones aceptables de explotación (Convenio Sindical de Turín, noviembre de 1970). Por último, cuando el sindicato exige aumentos salariales vinculados al valor del trabajo, ¿no monetiza la nocividad que supone vender nuestra fuerza de trabajo al patrón? Nuestra lucha debe tener como objetivo el derrocamiento del sistema basado en la explotación del trabajo.

Debemos exigir aumentos salariales desvinculados de la productividad, como es actualmente necesario para satisfacer nuestras necesidades.

Y esta es la cara obrera del rechazo a la monetización: ya se podía encontrar en germen en el discurso obrero que había detrás de la propia demanda de monetización. Cuando exigíamos dinero en presencia de nocividad, el sentido real de nuestra demanda no era el intercambio entre más trabajo (o, lo que es lo mismo, entre trabajo y condiciones más nocivas) y más salario, sino que se convertía en la exigencia de un aumento salarial desvinculado precisamente de las razones de la productividad y de las razones particulares de la producción en condiciones más pesadas. Era una reivindicación salarial en sí misma, que tomaba en cuenta la nocividad del mismo modo que puede tomar en cuenta toda una serie de otros aspectos del trabajo concreto. Pero aún más claramente, en el rechazo de la monetización, aquí se identifica, se focaliza, el real objetivo de la

12/ En inglés: Maximum Allowable Concentration [Concentración máxima permitida]. Corresponde a la concentración máxima en el aire de un material tóxico que las autoridades competentes consideran que es tolerable en un lugar determinado. [N. del T.]

lucha: el rechazo de la monetización se convierte en el rechazo a negociar una organización capitalista del trabajo que se rechaza en su conjunto. Por tanto, la consigna correcta que surge claramente a nivel estratégico es: *la nocividad no se negocia*. No se negocia, como no se negocia la organización del trabajo.

En esta dirección debemos trabajar para que surjan niveles organizativos que den a la clase la fuerza para ir más allá del momento de la negociación, hasta el de la ratificación; es decir, para vencer al patrón, sin darle respiro entre batalla y batalla. Pero decir esto también significa no limitar la lucha a la fábrica, sino extenderla a toda la organización social, que es la imagen especular del trabajo. La lucha no es sólo contra la fábrica capitalista, sino contra la sociedad capitalista. El obrero que sale de la fábrica, donde ha sufrido la explotación patronal de forma más directa, vuelve al barrio, donde retorna, de forma más inmediata, a la alienación a la que había sido sometido en el puesto de trabajo. El patrón, que ya se ha adueñado de su tiempo de trabajo, también utiliza el tiempo libre del obrero a través del impulso hacia un consumismo completamente ajeno a las necesidades humanas reales, a través de una información condicionada a los intereses dominantes y de cien maneras más. El propio barrio obrero, como núcleo urbano, es una expresión de los intereses de la burguesía: surge con la creación de las grandes unidades industriales, refleja los intereses de la especulación inmobiliaria; en definitiva, es una gran jaula donde se encierra a los proletarios para exprimirles más.

No limitar la lucha a la fábrica, sino extenderla a toda la organización social, que es la imagen especular del trabajo

Uno de los muchos ejemplos, y uno de los más recientes que se pueden dar en relación con la zona de Marghera-Mestre, es el barrio de San Giuliano, construido en una zona pantanosa, debido a intereses especulativos muy precisos. También se puede encontrar en él una clara nocividad del medio ambiente ligada a la contaminación de los humos de las fábricas. De hecho, San Giuliano se levanta detrás de la zona industrial y, cuando el viento sopla del sur, toda la mierda que sale de las fábricas llueve sobre el barrio (cualquiera que haya visto el limo verdoso sobre los tejados de las casas lo sabe bien). Si luego vas a Marghera, las condiciones son aún peores.

2-La política de la reforma

La radicalidad, el igualitarismo del conjunto de objetivos que han surgido en las recientes luchas significa sobre todo esto: todos los aspectos de la condición de trabajo de la fábrica capitalista –es decir, todos los aspectos que en la línea reconfirmada por el movimiento obrero tradicional se negocian singularmente en una negociación permanente pero interna dentro de la organización capitalista del trabajo– son reconducidos a la condición general y esencial de la explotación capitalista del trabajo, dentro de la cual deben verse todos los objetivos.

El vínculo entre un único *aspecto* y una única reivindicación debe desapareceer: todos los objetivos deben entenderse en *relación* con una reivindicación y un horizonte completamente político, completamente diferente: una reivindicación de poder.

Es aquí donde nuestra interpretación difiere profundamente de la de los sindicatos, que se expresa a través de la *lucha por reformas*. Más adelante volveremos sobre la reforma sanitaria en particular. Ahora queremos destacar que mientras se desarrollan sus propuestas de reforma, el sindicato y todo el movimiento obrero tradicional deben descubrir cada vez más la cara políticamente represiva del reformismo: *un ataque del patrón a la clase obrera y a su autonomía. En un momento en el que el capital en Italia está entrando en crisis por la creciente insubordinación obrera en la fábrica, el sindicato está intentando recuperar el control sobre la clase desplazando el terreno de la lucha hacia falsas reformas.*

Evidentemente, las propuestas de reforma y la reactivación de la productividad son dos caras diferentes y complementarias de un mismo proyecto político. Lama **13/** y Berlinguer **14/**, Berlinguer y Colombo **15/**, diversas caras de la misma medalla: productividad para las reformas, dicen los unos, reformas para la productividad, responden los otros, asegurando juntos esta relación como condición de la dominación patronal. Para ello, el sindicato promueve incluso algunos intereses patronales. Todos sabemos, aquí en la región del Véneto, qué órgano obtuso del atraso patronal es un periódico como *Il Gazzettino* **16/**: pues bien, recientemente ha publicado una serie de intervenciones que recuperan algunos de los argumentos sobre el tema de la nocividad nacidos en el movimiento (reconociendo cómo la nocividad es mucho más amplia y extensa que los riesgos inmediatos en el entorno laboral, etc.); pero todo en función de un discurso destinado a demostrar que, en definitiva, la solución es una medicina "preventiva" aplicada a través de una nueva institución, compuesta por la misma gente de antes (técnicos de los organismos existentes, concejales, sindicalistas, etc.). El discurso sindical-patronal es claro, se trata de racionalizar ciertos discursos sobre la nocividad: si las luchas obreras (pero también las exigencias capitalistas) ponen en crisis las viejas instituciones de control, se inventan otras nuevas.

3-Una nueva organización proletaria

Plantear correctamente el tema de la nocividad en la actualidad (no sólo como tema de discusión, sino como iniciativa práctica que nos proponemos organizar

13/ Luciano Lama (1921-1996) fue un sindicalista de la CGIL y un político del PCI. Fue secretario nacional de la CGIL entre 1970 y 1986. [N. del T.]

14/ Enrico Berlinguer (1922-1984) fue secretario nacional del PCI entre 1972 y 1984. [N. del T.]

15/ Emilio Colombo (1920-2013) fue un político de la Democracia Cristiana italiana y el primer ministro del país entre 1970 y 1972. [N. del T.]

16/ *Il Gazzettino* es el principal diario local del Véneto. En esa época, era políticamente cercano a la Democracia Cristiana. [N. del T.]

inmediatamente) significa –como decíamos– articularla, en última instancia, con el tema del poder. El único modo no retórico de plantear y resolver este problema es verlo en el *terreno de la organización*. De hecho, decimos que hay que oponerse a la nocividad en la medida en que *es una nocividad* relacionada con el trabajo, por lo que exigimos reducción de la jornada laboral para todos y no sólo para los departamentos *nocivos*, aumentos salariales, igualdad normativas, transporte gratuito (entendido como una exigencia política de unificación de clase, unificada precisamente por la dependencia común del trabajo), y así sucesivamente. Pero todo esto no significaría nada si en función de esta lucha y dentro de ella no fuéramos capaces de estabilizar un nivel organizativo real. Por la simple razón de que sin ello no puede existir ni siquiera esa perspectiva de poder obrero, de poder comunista, en manos de la clase obrera, que es el único *remedio material* para suprimir la nocividad laboral –para diseñar la eliminación en la fuente misma de toda nocividad y de toda miseria obrera, para eliminar la explotación del trabajo–. Por lo tanto, al poner en marcha la agitación y la lucha sobre los problemas de la nocividad, es necesario desarrollar niveles organizativos que lleven a la victoria luchas parciales sucesivas y, más en general, sean la expresión organizativa de los niveles alcanzados de conciencia política de clase.

También en Porto Marghera, es fundamental la construcción del *Comité Político Obrero* que, a través de un proceso de agregación de la vanguardia obrera, funcione como propulsor-gestor de las luchas, en su *necesaria* dimensión política. Descubrimos antes: la complementariedad de las reformas y la reactivación de la productividad. Hemos visto gestionar este proyecto en estos meses en las fábricas y en la sociedad. Pero también hemos visto, para consternación de todos los reformistas, su fracaso. Una lucha que no ha conocido tregua desde el Otoño Caliente ha conseguido mantener separadas reformas y productividad y derrotar a ambas, la primera con total indiferencia (el resultado de la última huelga sobre las reformas incluso en Marghera habla claro); la segunda, con una continuidad general de la iniciativa obrera y proletaria que nadie creía posible después de la gran oleada del año pasado. Por separado, reformas y productividad ya no se sostienen: la *crisis* política actual está a la vista de todos. Reivindicamos el mérito de la iniciativa obrera, pero no podemos darnos por satisfechos. La profundización de la propia crisis no es materialmente posible si en todo el amplio frente del movimiento de lucha no se siguen explicando, comunicando y radicalizando los objetivos y temas políticos que la propia *historia* de las luchas ha obligado abrumadoramente a sacar a la luz –sin una *calidad política* de las luchas *que sólo la extensión y el endurecimiento de la organización pueden garantizar*–. Esto –para nosotros, para todas las vanguardias de fábrica y del movimiento– es ahora el *terreno decisivo*.

4-La reforma sanitaria

¿Cuáles son las propuestas más calificadas para la lucha contra la nocividad expresadas por el PCI y el sindicato? Del partido procede la indicación de la reforma sanitaria. El sindicato intenta llevar la lucha a nivel de fábrica y con ello lleva adelante otras indicaciones, como la reducción de la jornada laboral sólo en los turnos y sectores *nocivos* (véase Petroquímica), la exigencia de una disminución de las MAC o el cierre de los departamentos en los que se superen las MAC, etc.

¿Encajan estos objetivos en una línea estratégica que identifica la lucha contra la nocividad como una lucha contra la organización capitalista del trabajo? ¡Está claro que no! Plantear la Unidad Local de Salud (USL) como el instrumento por el cual se superará la delegación de la protección de la salud, que hasta ahora era otorgada por el proletariado al médico, mediante la gestión *democrática* de la salud, es una pura mistificación. La delegación pasa del médico de fábrica y del seguro de enfermedad a los de la USL: *pasamos de una gestión directamente patronal de la salud a una gestión estatal, que sigue siendo patronal. La nueva institución sanitaria sólo verá al sindicato cogestionar con el patrón el control de la salud.*

Proponer la gestión de la USL por el Municipio como la solución al problema de la prevención ("asumiendo las tareas de asistencia hospitalaria y especializada, el Municipio podrá empezar a realizar la soldadura de la prevención y la terapia" proyecto de ley del PCI), es una pura mistificación. El Municipio, como institución de la sociedad capitalista, sólo podrá mediar en los intereses del capital y, a lo sumo, lograr un tratamiento precoz y una intervención en la MAC, en lo que respecta a la fábrica. Mientras esté el patrón, sólo él tendrá el poder en sus manos y no se puede hablar de prevención.

La prevención significa derrocar la organización capitalista del trabajo desde la base: pensar que el Municipio con la USL es capaz de llevar a cabo tal batalla es ridículo. Ya hemos empezado a hacer una verdadera prevención quedándonos en casa, fuera de la fábrica, cuando nos da la gana. Lo nocivo es el trabajo: el absentismo es la prueba de que lo hemos comprendido (12% en Fiat y hasta el 24% en Mirafiori, 13,6% en Olivetti, 8,8% en Alfa Romeo, etc.).

Afrontar el problema del derecho a la salud proponiendo la USL significa proceder en la lógica capitalista de la sectorialización de la ciencia: defender la salud depende de la medicina. Nosotros, en cambio, sabemos que defender la salud es hoy principalmente una lucha política que debe sostener el proletariado en primera persona. En realidad, con su política reformista, el PCI y con él el sindicato en la fábrica tienden a desplazar un terreno fértil de lucha como el de la nocividad fuera de la fábrica, confiando la gestión del problema a las instituciones (Municipios, Regiones, Parlamento) y sustrayendo la organización directa del conflicto de las manos del proletariado. La reforma de la salud es un momento de racionalización que el propio patrón necesita, porque ahora el hospital y las compañías de seguros ya no sirven ni siquiera para las funciones de control de la clase y de readmisión en el ciclo productivo del productor que la ha abandonado por enfermedad. En el mejor de los casos, para la clase obrera, la reforma sanitaria consistirá en una mejora de la asistencia sanitaria y, desde luego, no será un momento para la adquisición de poder tal y como lo presenta el PCI.

5-Articulación de la lucha en la fábrica

Horario

El primer objetivo en el que debemos centrarnos, en una lucha contra la nocividad en la fábrica, es la reducción de la jornada laboral: cuanto menos tiempo se trabaja, menos se está expuesto al trabajo nocivo. Cuando el sindicato propone 36 horas para los trabajadores por turnos y los departamentos nocivos, considerando una vez más la nocividad como un problema únicamente de los obreros que trabajan en un ambiente contaminado y particularmente ruidoso, etc., *nosotros respondemos que la nocividad afecta, por el propio trabajo, a todos los trabajadores y que, por lo tanto, 36 horas es un objetivo justo para todos.*

El primer objetivo en el que debemos centrarnos, en una lucha contra la nocividad en la fábrica, es la reducción de la jornada laboral

Al patrón también le parece bien que sólo se tenga en cuenta la nocividad del entorno: su respuesta temporal consiste en trasladar al obrero durante unas horas del departamento *nocivo* a otro departamento. En primer lugar, hemos visto que tal solución no elimina la nocividad relacionada con la organización del trabajo; además, también es un remedio a menudo ineficaz contra el entorno nocivo y sólo conduce a la exposición de más obreros al entorno nocivo a través de la rotación laboral.

Cualificaciones

La movilidad se convierte entonces en el arma de la patronal para introducir cualificaciones ligadas a la carrera profesional. En el momento en que el viejo criterio de cualificación se ve sacudido por las luchas obreras, la patronal busca una nueva forma de dividir a la clase, y la propuesta sindical de rotación laboral le hace el juego. Debemos responder con la lucha por conseguir la misma cualificación única para todos, obreros y empleados, para construir la unificación de clase allí donde la patronal quiere dividirla.

Horas extraordinarias

Luchar por la reducción de la jornada laboral significa también exigir la abolición de todas las horas extraordinarias, rechazar el chantaje que se basa en los salarios bajos y recuperar la pérdida de la masa salarial con un aumento del salario base.

Transporte

Por último, cuando hablamos del horario de trabajo debemos referirnos también al tiempo necesario para llegar a la fábrica desde casa: *¡es tiempo que gastamos para el patrón y debe pagárnoslo!*

Ritmos

Pero cualquier lucha que sólo nos comprometa a nivel de horarios puede recuperarse, como sabemos, a nivel de ritmos. Por lo tanto, también debemos atacar a la patronal en los ritmos, pero no en el sentido de pactarlos mediante comisiones paritarias, ayudando así a la patronal a explotarnos más racionalmente. *Debemos impugnar en todo momento los ritmos que nos impone la patronal, encontrando así en la lucha nuevos momentos de unidad y organización.*

Turnos

Lo mismo ocurre con los turnos. Los turnos de noche perturban el equilibrio psicofísico del trabajador, modificando continuamente esos ritmos biológicos que deberían tener lugar regularmente a lo largo de 24 horas. Los turnos son, por tanto, una de las máximas expresiones de nocividad en la organización del trabajo. *Hay que abolir los turnos de noche.* A los que dicen que esto es imposible debido a las exigencias del ciclo continuo, les respondemos que el ciclo continuo lo inventó el patrón y, por lo tanto, no nos concierne. ¡Que invente otro! Para vencer al patrón en este punto vital para el funcionamiento actual de *su* fábrica debemos construir la organización que nos dé la capacidad de hacerlo. *El resultado de cualquier enfrentamiento con el patrón depende de la relación de fuerzas, que para el proletariado significa: combatividad y organización que apoye la combatividad.*

Nocividad y medio ambiente

En la lucha contra la nocividad, no debemos olvidar la nocividad del medio ambiente, que se hace sentir en la realidad cotidiana a través de bronquitis crónicas, sorderas y enfermedades más graves. Pero tampoco debemos dejarnos atrapar por la lógica de la negociación de las MAC. Entre otras cosas, *porque las MAC son una de las mayores mentiras de la ciencia.* Dependiendo de los instrumentos utilizados, de la forma en que se haga el análisis, de las teorías del investigador, varían ampliamente, pero el que enferma siempre es el obrero. Incluso si una MAC estuviera perfectamente establecida (que nos expliquen, sin embargo, cómo determinarla correctamente para las sustancias cancerígenas), existen variaciones individuales: un obrero puede verse mucho más afectado que otro por la misma concentración de sustancias tóxicas. Por lo tanto, el análisis no debe centrarse en el medio ambiente, sino en los obreros que trabajan en ese medio: si sólo uno de ellos sufre efectos nocivos, el medio ambiente debe considerarse dañino.

A través de la lucha contra la organización de la fábrica del patrón, conquistaremos también las necesarias correcciones técnicas del medio de trabajo

5. FUTURO ANTERIOR

Cualquier lucha particular contra la nocividad del medio ambiente sólo adquiere sentido si se conecta con la lucha más amplia contra la nocividad de la organización capitalista. En este sentido, al afrontar la lucha contra la nocividad, si somos capaces de expresar altos grados de combatividad, el propio patrón intentará contenerla proponiendo modificaciones técnicas parciales. Así, a través de la justa lucha contra la organización de la fábrica del patrón, conquistaremos también las necesarias correcciones técnicas del medio de trabajo.

6-Extender la lucha al barrio
Al afrontar el problema de la extensión de la lucha contra la nocividad al barrio, debemos tener en cuenta dos posibles errores:

1) Hacer de la lucha en el barrio algo separado de la lucha en la fábrica, reduciendo la primera a una *lucha democrática,* es decir, a una acción en la que todos los componentes de la sociedad se comprometen en un esfuerzo por mejorar la situación actual, por racionalizar, en definitiva, la propia sociedad capitalista. *La lucha popular sólo tiene significación subversiva si tiene una dirección proletaria.* En este sentido, hay que rechazar una vez más el enfoque dado por el PCI y el sindicato a la lucha por las reformas sociales, que ve al obrero escindido en las figuras del ciudadano, del padre de familia, etc., y la lucha en la sociedad superpuesta y no fusionada con la lucha en la fábrica.

2) También hay que evitar el peligro opuesto, es decir, considerar la lucha en el barrio como una mera ramificación de la lucha en la fábrica, que se limita a trasladar mecánicamente al exterior los objetivos de la fábrica. Por el contrario, es necesario evidenciar los momentos unificadores de las dos intervenciones y, *en el mismo discurso de organización política,* captar objetivos particulares en los que hacer converger la lucha del barrio.

A nivel de Porto Marghera y zonas contiguas, hay que iniciar inmediatamente una actividad de agitación que plantee correctamente los problemas de la nocividad. *Defender la salud significa luchar contra la nocividad inherente al modo de vida de la sociedad capitalista.*

El Comité Político de los Obreros de Porto Marghera (1970-71) fue una efímera alianza entre el Potere Operaio de Porto Marghera y la rama local de il Manifesto. El grupo se convertiría después en la Asamblea Autónoma de Porto Marghera (1972-75) y fundó las revistas Lavoro Zero y Controlavoro, que siguieron publicando hasta 1980.

Lorenzo Feltrin es investigador en el Departamento de Ciencias Políticas y Estudios Internacionales de la Universidad de Birmingham. Recientemente ha llevado a cabo una investigación para el proyecto Toxic Expertise sobre justicia laboral y medioambiental en los complejos petroquímicos de Grangemouth (Escocia) y Porto Marghera (Italia).

Octubre 1934: antifascismo y revolución

Andy Durgan

■ Ante el auge de la nueva extrema derecha se hace más relevante que nunca recordar, noventa años más tarde, los acontecimientos de octubre de 1934. La huelga general declarada como respuesta a la entrada en el gobierno del Estado español de la derecha autoritaria fue una respuesta unitaria antifascista sin precedentes que dio pie a un gran ejemplo de autogestión obrera: la Comuna de Asturias.

La República subvertida

No se puede comprender la resistencia obrera en 1934, sin entender el *fracaso* del primer bienio republicano (1931-1933) y el contexto de crisis económica, tanto a nivel internacional como a nivel peninsular. La coalición republicana se había mostrado incapaz de superar la oposición de las clases pudientes y sus reformas más ambiciosas, sobre todo la agraria, que quedaron truncadas. Con la retirada de sus aliados socialistas, el gobierno republicano convocó elecciones para noviembre 1933 que desembocó en un triunfo de la derecha.

La fuerza más importante de la derecha y principal enemigo de la labor reformista republicana, era la Confederación Española de Derechas Autónomas (CEDA) dirigida por José María Gil Robles. Partido conservador, con un base de masas católica, la CEDA basó su estrategia política en el *accidentalismo,* en el que no importaba la forma del régimen político, sino la defensa de los intereses religiosos y de la propiedad privada. El triunfo *legal* de Hitler en enero de 1933 impresionó profundamente a Gil Robles y los suyos. Esta naturaleza de la derecha *democrática* de la época es muy relevante para entender la reacción radical a su entrada en el gobierno por parte del movimiento obrero. Sobre todo, porque para justificar el golpe militar de julio de 1936 el revisionismo histórico da mucha importancia al supuesto comportamiento *antidemocrático* de la izquierda en octubre de 1934.

Aunque fue el Partido Radical de Alejandro Lerroux quien formaría el gobierno tras las elecciones de noviembre 1933, la CEDA, el partido con más diputados, tendría un papel clave en el asalto a toda la obra reformadora de la administración anterior. Fuera del parlamento, los empresarios y los terratenientes lanzaron su propia ofensiva contra la clase obrera, con la reducción de salarios y despidos, respaldados por las fuerzas del orden público.

La clase obrera reaccionó ante la crisis económica y la represión patronal y estatal con una creciente combatividad. En los 18 meses previos a octubre 1934 hubo 3.600 huelgas parciales y 30 generales, entre ellas tres insurreccionales lideradas por la CNT. La radicalización de ciertos sectores obreros se notaría tanto entre los sectores más inestables como el de la construcción, feudo de la CNT en Barcelona, los jornaleros de Andalucía y Extremadura, la nueva base de masas de la UGT, como en sectores con larga tradición sindical y más golpeados por la crisis, como la minería asturiana. La ascendencia de la FAI en la dirección de la CNT y el giro hacia la izquierda del movimiento socialista en 1933 serían las expresiones más ideológicas de esta radicalización.

De entrada, la mayoría de las organizaciones obreras no creyeron, o al menos no entendieron, la naturaleza de la amenaza fascista o la posibilidad de que surgiera un fenómeno similar en el Estado español. Los comunistas, sujetos a la política del *Tercer Periodo* (1928-1934) de la III Internacional, veían a los socialistas, los *social-fascistas,* como el enemigo principal de la clase obrera. Solamente abandonarían esta política sectaria en vísperas del movimiento de octubre de 1934. Para la mayoría de las y los libertarios, el problema era *la política,* fuera de derechas o de izquierdas, y los gobiernos y Estados en general. En marzo de 1934, la CNT declaró que estaba dispuesta a terminar con *todos los fascismos.* Los socialistas pensaban, como otros socialdemócratas, que el fascismo era una aberración histórica temporal en el ineludible camino hacia el socialismo.

El auge de la extrema derecha a nivel internacional, fundamentalmente la victoria de Hitler en Alemania en enero de 1933 y la entrada en el poder del partido de Engelbert Dolfuss en Austria en febrero de 1934, cambiaría la percepción de esta amenaza, sobre todo entre los socialistas. Gil Robles describió el sangriento aplastamiento del movimiento socialista austriaco, que se había sublevado contra su correligionario Dollfuss, como "una lección para todos". Todo un aviso del peligro que se cernía sobre el movimiento obrero español.

La Alianza Obrera

Los comunistas disidentes, el Bloque Obrero y Campesino (BOC) y la Izquierda Comunista (ICE) tuvieron una visión clara sobre la naturaleza del fascismo y sus posibilidades en el Estado español y sobre cómo luchar contra ello. Para el BOC y la ICE era necesario crear un frente único obrero que actuara contra el fascismo incipiente a todos los niveles. En marzo de 1933, a iniciativa del BOC, se formó la *Alianza Obrera contra el fascismo,* con los disidentes de la CNT, los trentistas, y la Unió Socialista de Catalunya. Esta primera Alianza, básicamente propagandística, sería la precursora de la Alianza más amplia que se fundaría en Catalunya nueve meses más tarde con la participación del BOC, socialistas, trentistas, rabasaires y trotskistas, en representación de más de 100.000 trabajadores, trabajadoras y campesinos organizados. Aunque excluía las organizaciones no obreras o campesinas, la Alianza Obrera insistió en la necesidad de ganar la pequeña burguesía al lado del proletariado para evitar que se "deslizase hacia el fascismo". En los siguientes meses se crearon

Los comunistas disidentes, el Bloque Obrero y Campesino (BOC) y la Izquierda Comunista (ICE) tuvieron una visión clara sobre la naturaleza del fascismo

docenas de Alianzas similares por todo el Estado, sobre todo en Asturias y País Valencià **1/**.

En los meses previos a octubre, las Alianzas se involucraron en una serie de movilizaciones; las más importantes fueron las huelgas generales en Catalunya, en marzo, un acto de solidaridad sin precedentes con la lucha de los trabajadores madrileños; en Madrid, en abril, como respuesta al mitin de la CEDA en El Escorial, y en Valencia, en solidaridad con los trabajadores de la luz. En septiembre, en Asturias contra la concentración cedista en Covadonga y en Madrid contra la presencia en la capital de los terratenientes catalanes opuestos a la ley de Contratos de Cultivo de la Generalitat. No obstante, las Alianzas tuvieron dos grandes debilidades que quedarían en evidencia en octubre: la ausencia, con la notable excepción de Asturias, de la CNT y el intento de los socialistas de subordinarlas a sus propios intereses excluyendo a los libertarios. El papel de los socialistas sería determinante en el desenlace del movimiento de octubre de 1934.

La radicalización de una parte importante del socialismo español, sobre todo de la UGT y las juventudes (FJS), a partir de 1933 fue debida a las limitaciones de su colaboración gubernamental, la amenaza de la derecha autoritaria y, sobre todo, la creciente combatividad de la clase obrera. Esta situación llevaría a una división profunda del movimiento socialista entre un ala socialdemócrata, prorrepublicana, encabezada por Indalecio Prieto, y otra *revolucionaria*, encabezada por Francisco Largo Caballero. La conversión de un burócrata sindical de toda la vida, como era Largo Caballero, al *socialismo revolucionario* fue, sobre todo, un intento de mantener el control de la base.

La derrota electoral en noviembre de 1933 convenció a muchos líderes socialistas, tanto de una tendencia como de la otra, de que la Republica había caído en manos de sus enemigos y el camino institucional hacia el socialismo había quedado bloqueado, no habiendo más alternativa que la vía insurreccional. La dirección del PSOE nombró un *comité revolucionario* para organizar una sublevación armada. Este comité emitiría durante las primeras semanas de 1934 una serie de instrucciones muy detalladas sobre cómo se debían organizar las milicias y la postura que debían adoptar los comités inferiores en el momento de sublevarse. Pero como se demostraría en octubre, la intención real de los líderes socialistas era evitar que la derecha desmantelara la Republica con la *amenaza* de una insurrección, no asaltar el poder.

A pesar de la participación de los socialistas en las Alianzas, sus planes insurreccionales no incluyeron la posibilidad de acuerdos con otras organizaciones, más allá de la subordinación de ellas al PSOE y la UGT. La poca seriedad de las intenciones de la mayoría de los lideres socialistas quedó en evidencia con su oposición a la participación de la UGT en luchas *parciales* para, supuestamente, guardar sus energías para la lucha final contra la burguesía. Esta orientación sería particularmente dañina cuando la dirección de la UGT se negó a apoyar la huelga campesina de junio de 1934, la derrota de la cual significaría la casi desarticulación de la poderosa Federación Nacional de

1/ Sobre la extensión territorial de las Alianzas, ver Durgan (2016: 169-175).

Trabajadores de la Tierra y miles de detenidos. A causa de esto, el proletario rural del sur no participó en la huelga general de octubre.

La excepción asturiana

La situación muy específica de Asturias, tanto económica como políticamente, permitió que las vacilaciones de la dirección socialista tuvieran poco efecto en octubre de 1934. La economía asturiana, dominada por la minería del carbón y la industria siderúrgica, se había expandido durante la Primera Guerra Mundial con el consiguiente aumento del número de obreros empleados y la mejora relativa de sus salarios. Esta expansión terminó con el fin de la guerra y la vuelta a la actividad económica plena de los países antes involucrados en el conflicto bélico. Sobre todo la minería británica, bastante más productiva que la asturiana, una competidora demasiado fuerte. A finales de los años 20, la crisis económica mundial agravó la situación más todavía. Pero a pesar de este declive económico, en 1931 aún había casi 30.000 mineros en la región, 20.000 de los cuales estaban afiliados al Sindicato de los Obreros Mineros de Asturias (SOMA) de la UGT.

El radicalismo que mostraría el SOMA en 1934 tuvo poco que ver con la lucha interna en el PSOE. Los principales lideres del socialismo asturiano, incluyendo los del sindicato minero, eran simpatizantes del ala más *moderada* del partido encabezada por Prieto. En cambio, la belicosidad de los mineros fue debida a la crisis que sufría su industria y, por extensión, a la presión que ejercían sus rivales anarcosindicalistas y comunistas. Esta presión fue muy evidente en las filas de la FJS que fueron sensibles a la influencia de sus agresivos compañeros comunistas. El 65% de los mineros tenían menos de 35 años y los jóvenes mineros tendrían un papel destacado en octubre **2/**.

Antes de la victoria electoral de la derecha, la combatividad de los mineros iba en aumento. De entrada, las nuevas leyes del nuevo gobierno republicano beneficiaron a los trabajadores; en el caso de Asturias, por ejemplo, con la reducción de la jornada en las minas. Pero la patronal no tardó en reaccionar, pidiendo una subida de precios y despidos para reducir los costes laborales. Con estos ataques y un Estado cada vez más comprometido con la represión de las protestas populares, la resistencia obrera iba en aumento. Entre 1932 y 1934, Asturias fue la región con más conflictos laborales *per cápita* del Estado español.

Ya en marzo de 1934, con el añadido de la creciente amenaza de la derecha autoritaria, fue la CNT, que siempre había mostrado más disposición unitaria en comparación con sus compañeros en el resto del Estado, la que se puso en contacto con la UGT para formar la Alianza Obrera. El manifiesto de la Alianza asturiana tuvo un tono marcadamente ofensivo. Reclamó como meta "el triunfo de la revolución social en España, estableciendo un régimen de igualdad económica, política y social, fundado sobre principios socialistas y federalistas" **3/**. En los días siguientes el PSOE, la FJS, el BOC y la ICE se adherirían a ella.

2/ Sobre la crisis de la mineria asturiana y los orígenes de la revolución, ver Shubert (1984).

3/ Bizcarrondo (1977: 36).

El *octubre* catalán

Finalmente, el 4 de octubre, el Partido Radical sucumbió a la presión de la derecha e invitó a la CEDA a participar en el gobierno. Con el nombramiento de tres ministros cedistas, el Comité Revolucionario socialista dio la orden de iniciar la huelga general. Gil Robles era muy consciente que los socialistas no estaban nada preparados para lanzar su largamente anunciada revolución y esperaba destruirles antes de que fuera demasiado tarde.

Solamente en Asturias, y en menor medida en Catalunya, el paro se convirtió en un movimiento revolucionario. En el resto del Estado dependía de la dirección socialista, la cual, a pesar de toda su bravura, había hecho poco para preparar seriamente *su* revolución. Las pocas armas que se habían acumulado en los meses anteriores habían sido confiscadas por las fuerzas del orden público. La huelga general en Madrid acabó tras ocho días, ya que carecía de un verdadero liderazgo y objetivos. Mientras tanto, los pretendidos lideres de la revolución, incluido Largo Caballero, esperaban en sus casas para ser detenidos. También hubo paros aislados en algunas otras zonas, sobre todo en el País Vasco, donde la huelga llegó a alcanzar proporciones insurreccionales en la cuenca minera vizcaína, en Eibar y Mondragón.

En Catalunya, el rechazo de la entrada de la CEDA en el gobierno central se enlazó con el conflicto entre este y la Generalitat. El intento de aliviar la situación del campesinado catalán con una Ley de Contratos de Cultivo que le proporcionaría más seguridad fue rechazado como anticonstitucional en junio de 1934. La reacción del gobierno catalán fue de reafirmar la ley, mientras que los diputados de ERC se retiraron del parlamento español.

La noche del 4 de octubre, la Alianza Obrera catalana convocó la huelga general. En Barcelona, los grupos de acción del BOC consiguieron sabotear el transporte público en las primeras horas de la mañana, ayudando así a paralizar la actividad económica de la ciudad. Fuera de la capital catalana, las Alianzas Obreras, a menudo en colaboración con los gobiernos municipales en manos de ERC, declararon la Republica Catalana o, incluso, la Republica Socialista. No obstante, el gobierno catalán mantuvo una actitud ambigua con el movimiento. Incluso el Conseller del Interior, Josep Dencàs, líder del cada vez más fascistoide Estat Català, dio la orden de reprimir las organizaciones obreras.

Haciendo caso omiso de las amenazas de Dencàs, el día 6, a las seis de la tarde, 10.000 trabajadores y trabajadoras, organizados por la Alianza Obrera, desfilaron en formación militar hacia la Plaça San Jaume, pidiendo armas y reclamando al presidente catalán, Lluis Companys, que declarara la Republica Catalana. Finalmente, dos horas más tarde, Companys anunció la fundación de la "Republica Catalana dentro de la República Federativa Española". Pero, como comentaría el líder del BOC, Joaquim Maurín, "la Generalidat asiste a su nacimiento como si fuera un funeral" **4/**. No movilizó las fuerzas armadas a su disposición –3.000 policías y 7.000 Escamots (juventudes paramilitares de Estat Català)– y esperó pasivamente hasta que el orden fue reestablecido

4/ Maurín (2023: 184).

por algunos pocos efectivos del Ejército español. La República Catalana había durado 10 horas.

Sin armas y sin el apoyo activo de la CNT, la Alianza Obrera no pudo sostener la situación. Con la capitulación de la Generalitat, el movimiento en el resto de Catalunya se desintegró, aunque no sin unos choques aislados con las fuerzas del orden público. El resultado sería la suspensión de la autonomía de Catalunya, el encarcelamiento de Companys y gran parte de su gobierno, y de miles de obreros y campesinos.

La comuna

En Asturias los preparativos de la revolución se adelantaron con mucho al resto del Estado. En los meses antes de octubre las organizaciones obreras se habían dedicado a recoger armas. En particular, las sustrajeron de las cuatro fábricas de armas ubicadas en la región y robaron dinamita en las minas. Y aunque estas armas no fueron suficientes para derrotar a las fuerzas de orden público, si lo fueron para lanzar las primeras acciones para obtener más armas.

La noche del día 4 llegó la orden del Comité Revolucionario de Madrid de ir a la huelga general. Sería la única comunicación de la supuesta dirección revolucionaria estatal que tendría efecto en la región durante estos días. Desde este momento en adelante, las Alianzas Obreras, las locales o la provincial, casi todas ellas convertidas en comités revolucionarios, marcarían el paso de los acontecimientos.

La insurrección comenzó con la huelga. En las primeras horas del día 5, los obreros asturianos se lanzaron a la calle. En zonas industriales, sobre todo en la cuenca minera, los obreros asaltaron los cuarteles de la Guardia Civil sin demora. En pocas horas, cayeron en sus manos 23 cuarteles. Algunos se rindieron sin más, otros después de resistir y muchos fueron reducidos a base del abundante uso de dinamita en ausencia de otras armas. Pronto los revolucionarios controlaron un tercio de la región, con el 80% de la población.

Dominada la cuenca minera, se procedió a organizar una nueva sociedad

Dominada la cuenca minera, se procedió a organizar una nueva sociedad. El día 5, a las 8:30 h de la mañana, el Comité Revolucionario de Mieres, desde el balcón del ayuntamiento de Mieres, delante de más de 2.000 personas, proclamó la *República Socialista*. Se hicieron declaraciones similares por todo el territorio controlado por los revolucionarios. En los sitios dominados por la CNT se estableció el comunismo libertario con la abolición del dinero y de la propiedad privada. A un nivel más práctico, en muchos de ellos, los comités de abastos organizaron un sistema de racionamiento para garantizar la distribución igualitaria de los suministros entre la población civil y se establecieron cocinas colectivas. Se impuso un estricto código moral, prohibiendo, por ejemplo, el consumo de bebidas alcohólicas **5/**. Como en

5/ Maurín (2023: 202), Solano Palacio (2019: 49).

otros procesos revolucionarios, las mujeres empezaron a romper con su papel subordinado o pasivo. Además de participar en tareas típicamente *femeninas,* como sostener las cocinas improvisadas o los servicios sanitarios, trabajaron día y noche fabricando cartuchos. Algunas intervinieron directamente en la lucha, con armas en la mano, al lado de los hombres **6/**.

Los comités revolucionarios fueron estrictos con el mantenimiento del orden en la retaguardia, avisando a quienes que se dedicaban al pillaje que serían "pasadas por las armas". En algunos casos, fueron detenidas las personas consideradas como enemigas de la revolución. Unas pocas fueron ejecutadas; entre ellas, más de 30 miembros del clero. No obstante, en general, todo indica que en la mayoría de los casos fueron bien tratadas. Solamente en unos pocos casos, de las 280 bajas de la fuerza pública durante la toma sanguinaria de ciertos cuarteles, algunos componentes de las fuerzas públicas fueron abatidos sin más **7/**.

Mientras que la parte central de la región cayó rápidamente en manos de las y los revolucionarios, los combates se generalizarían en las zonas más periféricas donde el Ejército y la Policía intentaban avanzar contra ellos. Para sostener el frente se organizó un sistema de transporte, servicios sanitarios, talleres de armamento y el alistamiento de milicianos y milicianas. La red de ferrocarriles fue controlada por los sindicatos, facilitándose así el transporte de combatientes. En Sama se concentraron otros medios de transporte -coches y camiones- para utilizarlos en beneficio de la revolución. Se organizaron servicios sanitarios tanto en la retaguardia como en los frentes. En la fábrica metalúrgica de Mieres se fabricaron bombas de mano y municiones, aunque nunca fueron suficientes. En La Felguera los obreros de más edad mantuvieron los hornos en funcionamiento y se fabricaron vehículos blindados. En Sama se fabricó un substituto de gasolina hecho de carbón.

La derrota

Convencido que el movimiento revolucionario había triunfado en toda España, el día 6, el Comité Revolucionario Provincial decidió tomar el control de Oviedo. Después de la llegada de cientos de mineros a la capital, se luchó duramente para controlarla. Pero la falta de armas impidió que dominaran toda la ciudad. El día 9 se tomó la fábrica de armas de la Vega, pero a pesar de capturar una gran cantidad de armas casi no hubo munición.

Mientras tanto, la situación militar para el bando revolucionario había empeorado. Ya el día 8 las primeras tropas llegaron al puerto de Gijón. Casi sin armamento, los trabajadores y trabajadoras no habían podido tomar el control completo de la ciudad. Aun así, la huelga duró hasta el día 16 y desde los barrios obreros se seguía hostigando al enemigo. No tomar Gijón fue un gran revés para la insurrección. Según los anarcosindicalistas, quienes dominaron el movimiento obrero local, este fracaso fue debido a la negativa de los socialistas a enviar armas a la ciudad **8/**.

6/ Grossi (1979: 58-59, 101), Molina i Fábrega (1977: 84), Solano Palacio (2019: 117).
7/ Gil Vico (2019: 281).
8/ Solano Palacio (2019: 116).

Las primeras tropas de relevo llegaron desde Gijón a Oviedo el día 10. Ante el deterioro de la situación militar y el fracaso del movimiento en el resto del Estado, el día 11, el Comité Revolucionario Provincial dio la orden de retirarse. No obstante, muchos combatientes se negaron a huir o creer que la revolución no estaba triunfando fuera de Asturias y se eligió un nuevo comité, compuesto por jóvenes socialistas y comunistas, para seguir luchando. Pero fue en vano, y a pesar de la resistencia heroica, la ciudad, media destrozada, cayó en manos del Ejército.

Entretanto, la lucha, cada vez más desigual, seguía en distintos puntos de la geografía asturiana en un intento infructuoso de evitar el avance de los columnas militares, bien armadas y apoyadas por la aviación. Ante esta situación, con unos 25.000 soldados ya llegados a la región, el día 18, un tercer Comité Revolucionario Provincial firmó un pacto con el Ejército para la rendición de la población insurrecta y la entrega de sus armas.

Entre otros militares enviados para aplastar la revolución estaba el General Francisco Franco que trajo consigo tropas del Ejército de África

Desde el gobierno, la CEDA pidió un castigo ejemplar. Entre otros militares enviados para aplastar la revolución estaba el General Francisco Franco que trajo consigo tropas del Ejército de África. A pesar de que el acuerdo de rendición incluía la condición de que la tropas no entrarían en la cuenca minera, no tardó en confirmarse su temible fama en los pueblos y valles asturianos. Los asesinatos, las violaciones y los malos tratos se extenderían por toda la región. De las aproximadamente 1.200 personas muertas durante la revolución de octubre, la mayoría fueron ejecutadas por el Ejército y la Guardia Civil, a menudo de forma extrajudicial, después de haberse rendido. Otros miles más fueron detenidas, y muchas de ellas salvajemente torturados.

Tanto las clases dominantes como el proletariado aprendieron de la revolución de octubre de 1934. La resistencia de los obreros asturianos convencería a la derecha que no sería posible introducir un régimen autoritario por la vía institucional. A lo largo de 1935 se puso en marcha un complot militar, con la participación de Gil Robles y Franco entre otros, para derrocar la República democrática. Inspirada por la lucha de la clase trabajadora asturiana y avisada de lo que podía esperar de una sublevación fascista-militar, el 19 de julio, las masas populares saldrían a la calle con el grito de octubre: *¡Uníos Hermanos Proletarios!*

Andy Durgan es autor de obras como *El Bloque Obrero y Campesino (1930-1936)* (Laertes, 1996), sobre el BOC; *The Spanish Civil War* (Palgrave Macmillan, 2007) entre otras.

Referencias

Bizcarrondo, Marta (1977) *Octubre del 34*. Madrid: Ayuso.

Diaz Nosty, Bernardo (1974) *La comuna asturiana. Revolución de octubre 1934*. Bilbao: Zero.

Durgan, Andy (2016) *Comunismo, revolución y movimiento obrero en Cataluña 1920-1936. Los orígenes del POUM*. Barcelona: Laertes.

Gil Vico, Pablo (2019) *Verdugos de Asturias. La violencia y sus relatos en la revolución de Asturias*. Gijón: Trea.

Grossi, Manuel (1979) *La insurrección de Asturias*. Madrid: Júcar.

Maurín, Joaquín (2023) *Hacía la Segunda Revolución. El fracaso de la República y la insurrección de octubre*. Toledo: El Perro Malo.

Molins i Fàbrega, Narcis (1977) *UHP. La revolución proletaria de Asturias*. Madrid: Júcar.

Ruiz, David (1988) *Insurrección defensiva y revolución obrera. El octubre español de 1934*. Barcelona: Labor Universitaria.

Solano Palacio, Fernando (2019) *La revolución de octubre. Once días de comunismo libertario*. Madrid: Fundación Anselmo Lorenzo.

Shubert, Adrian (1984) *Hacia la revolución. Orígenes sociales del movimiento obrero en Asturias, 1860-1934*. Barcelona: Crítica.

Javier Maestro

LA TRAYECTORIA DEL MARXISMO REVOLUCIONARIO: EL PLANO INTERNACIONAL (1880-1920)

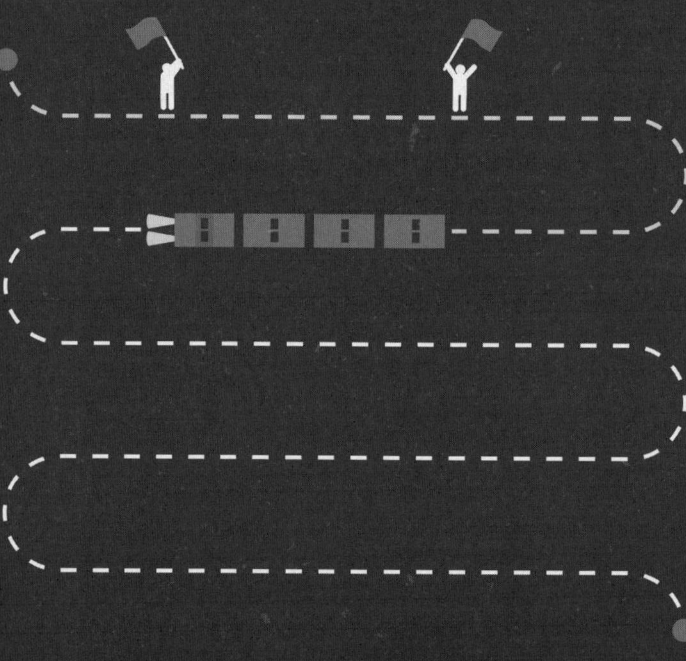

Sylone vientosur

6. AQUÍ Y AHORA

Las condiciones educativas de una ciudadanía crítica

Nico Hirtt

■ ¿Para qué sirve la escuela? ¿Para qué me sirve estudiar, a mí, hijo o hija de obrero y futuro obrero u obrera? ¿A mí, hijo o hija de empleado o empleada, de inmigrante, de parado o parada? ¿A mí, futuro empleado o empleada, futuro parado o parada, futuro excluido o excluida? Esta cuestión la oye cien veces al año cada enseñante, cada educador o educadora, confrontado a niños y niñas de medios populares. ¿Por qué debo aprender estas ecuaciones y estas reglas de gramática? ¿Qué es lo que queréis que haga con vuestras lecciones de historia cuando sea empleado o empleada de oficina? Paso de vuestros ribosomas y de vuestros cromosomas... ¡Quiero ser mecánico!

De la respuesta que demos a estas cuestiones legítimas dependerá a menudo la motivación que logremos suscitar o conservar entre el alumnado. Es aquí, sobre un silencio, una duda o una respuesta puramente formal, de donde puede nacer el abandono.

Dos grandes respuestas se presentan al cuestionamiento del alumnado: una individualista, otra *societal*. La primera, la más corriente, suena aproximadamente como sigue: "la escuela *te* va a permitir encontrar *tu* lugar en la sociedad, ser feliz, tener éxito y ejercer una profesión que te *gustará*". La segunda, más difícil y más rara, toma más altura: "la escuela", proclama, "echa las bases del buen funcionamiento democrático de nuestra sociedad y de la competitividad de nuestra economía, es decir, finalmente, de nuestro bienestar". Nueve veces sobre diez, con uno u otro matiz, la respuesta a la cuestión de *¿por qué debo aprender?* es un tejido bordado con estos dos hilos. Sin embargo, estas dos respuestas tipo, merecen una crítica firme. Las dos manifiestan una concepción reaccionaria del papel de la enseñanza. Ninguna permite construir, una relación positiva con la escuela y el saber para los niños y niñas de las clases populares.

¿Reproducir la sociedad?

La respuesta *societal* propuesta anteriormente equivale, de una forma u otra, a legitimar la organización política y social existente. ¡Estudia! Serás un trabajador o trabajadora productiva... y podremos despedir a veinte de tus camaradas. ¡Estudia! Serás un capataz eficaz... que podrá conseguir que las y los trabajadores acepten aumentar los ritmos. ¡Estudia! Serás un ingeniero competente; fabricarás máquinas que sustituirán a cien trabajadores y trabajadoras y, a quienes queden, les obligará a trabajar más intensamente. ¿Caricatura? Para nada. Promover la competitividad de *nuestra economía* en el régimen social actual, ya sea a través de la educación o de cualquier otro medio, siempre equivale a fomentar el desarrollo de capacidades tecnológicas, leyes y relaciones de fuerza que permitan a las empresas explotar a las trabajadoras y trabajadores de manera más eficiente y barata. Para las y los trabajadores esto significa: racionalización y pérdida de empleos, trabajo nocturno y de fin de semana, presión sobre los salarios y austeridad presupuestaria.

Promover la competitividad de *nuestra economía* en el régimen social actual, ya sea a través de la educación o de cualquier otro medio, siempre equivale a fomentar el desarrollo de relaciones de fuerza que permitan a las empresas explotar a las trabajadoras y trabajadores de manera más eficiente y barata

Pero, dirán algunos, ¿al menos podemos motivar al estudiantado defendiendo nuestra democracia? ¿De qué estamos hablando exactamente? ¿Qué democracia para las decenas de millones de pobres de Europa occidental? ¿Qué democracia para los cientos de millones que sufren el dominio de estas multinacionales? ¿Qué democracia para el trabajador o trabajadora que es desechado como un calcetín viejo después de treinta años de servicio? ¿Qué democracia cuando los medios están bloqueados por poderosos grupos privados?

Incluso si tratamos de ignorar la radical desigualdad de poder que separa a propietarios y trabajadores, capitalistas y proletarios, incluso si pretendemos creer que estos domingos electorales que nos sirven a intervalos regulares podrían reemplazar el proceso democrático, ¿cómo podríamos hacer la vista gorda ante la terrible barbarie que fundó y aún fundamenta esta opulencia y esta *libertad*: las guerras de conquista, el saqueo de materias primas, la explotación inhumana de la mano de obra barata en los países del tercer mundo, las insoportables condiciones de vida impuestas por el FMI, la desintegración de sus economías locales... En un mundo occidental donde las zapatillas de deporte, el teléfono inteligente y la hamburguesa sirven como símbolos de libertad, olvidamos muy pronto que el par de Nike que llevas en los pies vale más que el salario mensual de la trabajadora o el trabajador indonesio que los ha cortado, cosido y ajustado; mientras, los miembros de la junta directiva de Nike, que disfrutan plenamente de la libertad que les ofrece *la mayor democracia del mundo*, reciben aproximadamente varios millones de dólares al año.

El capitalismo es sólo una democracia para una minoría de propietarios. A escala de nuestros países, a veces hay que tomarse la molestia de tomar prestado el punto de vista de los trabajadores y trabajadoras más modestos para convencernos de ello. A escala planetaria, deberíamos vendarnos los ojos y taparnos los oídos para no quedar cegados por las imágenes y ensordecidos por los gritos que nos dicen: ¡vuestras *democracias* son nuestras dictaduras!

¿Estimular el éxito personal?

La respuesta *individualista* a la pregunta *¿para qué la escuela?* (estudia por tu propio bien, por tu propio futuro) no es mucho mejor. Sólo tiene sentido para quienes pueden tener una posibilidad razonable de construir un futuro en esta sociedad; es decir, para quienes su situación social les dará la oportunidad de beneficiarse efectivamente de los conocimientos y habilidades adquiridos en la escuela.

Durante los dos primeros tercios del siglo XX, mientras persistía la esperanza de avance social a través de la escuela, el discurso individualista aún podía despertar la motivación de algunos de los hijos e hijas del pueblo. Para la minoría que tenía acceso a él, aprender latín y matemáticas tenía al menos un propósito: obtener un diploma que les permitiera escapar de la condición de trabajo o, al menos, de la del trabajador o trabajadora no cualificada. Para esta fracción de niños y niñas del entorno de la clase trabajadora, esta motivación individualista era suficiente; para el resto, la pregunta ni se planteaba.

Hoy las cosas han cambiado mucho. La propia masificación de la educación ha reducido considerablemente las posibilidades de avance social a través de la escuela. Las tasas de desempleo y la inestabilidad laboral han acabado con las últimas ilusiones al respecto. Por tanto, la respuesta individualista sólo sirve para alimentar el egoísmo; para la mayoría de a quienes va dirigida, al final resulta que no es más que un engaño. Si nosotros, docentes progresistas, tenemos tanto interés en educar a los hijos e hijas del pueblo, está claro que no es para permitir que unos pocos o pocas escapen al sistema o, más bien, para cambiar su papel en él. Hay jefes o dirigentes que provienen del pueblo, pero su éxito académico personal, por meritorio que sea, no ha contribuido de ninguna manera a la emancipación colectiva de la que tenemos que hablar.

Si queremos dar un nuevo sentido a la escolarización de los hijos e hijas del pueblo, tenemos que hablar de emancipación colectiva

Ahora bien, si queremos dar un nuevo sentido a la escolarización de los hijos e hijas del pueblo, tenemos que hablar de emancipación colectiva.

Escuela democrática y emancipación colectiva

¿Qué debo estudiar para mejorar la suerte de mi gente? ¿Qué escuela puede contribuir a la transformación de la sociedad en dirección a una mayor justicia social, de una democracia verdadera para quienes hoy no tienen ningún poder, de una organización racional y planificada de la economía según las necesidades de la población? ¿Qué escuela puede mejorar el destino de los pueblos de África, Asia o América Latina y contribuir a poner fin a su explotación y opresión? ¿Cómo puede la educación ayudar a los trabajadores y trabajadoras a resistir mejor las mentiras de la ideología dominante? ¿Qué enseñanza necesita el pueblo para poder, algún día, ser el dueño único de las decisiones económicas y políticas? ¿Cuál es el tipo de sociedad que quiero inducir a través de mi trabajo educativo? Estas deberían ser las primeras preguntas que se deberían plantear las y los educadores progresistas. Las únicas que pueden dar fundamento a una práctica a la vez moralmente legítima y pedagógicamente eficaz.

Cuando la burguesía luchó contra el feudalismo necesitó impulsar la ciencia, acceder libremente a ella y difundirla a través de la educación. Hoy, esta sed de ciencia debería pertenecer a los trabajadores y trabajadoras. Para liberarse, no como personas individuales, sino como clase, necesitan amplios conocimientos y habilidades para dejar tras ellos toda la ciencia distorsionada, parcial y fútil dictada por la búsqueda del beneficio, la defensa de un sistema injusto o la búsqueda individual del éxito. Mientras pelea por su emancipación política y económica, la clase trabajadora debe conocer la realidad y las causas de la explotación, dondequiera y en cualquier forma en que se ejerza. Debe redescubrir su propia historia, la de todos los pueblos oprimidos, la de sus luchas. Las y los trabajadores del futuro deben aprender a *pensar con sus propias cabezas*. Deben cultivar un espíritu científico y crítico, una visión del mundo libre de supersticiones de todo tipo, de la estupidez colectiva dispensada por los medios de comunicación y de los condicionamientos impuestos por la ideología dominante. Deben saber partir de los hechos objetivos para ver la realidad en todos sus aspectos, múltiples, cambiantes y contradictorios. Necesitan entender las últimas tecnologías más avanzadas para imaginar el mundo que *podrían* construir. Necesitan descubrir las ciencias ambientales para conocer los límites naturales en los que deben ubicarse esos proyectos. Deben dominar las más variadas formas de expresión, las herramientas de la comunicación más sofisticada, para propagar sus ideas, intercambiar los argumentos, organizar su acción.

Atrevámonos a decir a nuestros alumnos y alumnas: “La escuela no puede hacer mucho por cada uno de vosotros o vosotras individualmente. No os ofrecerá, personalmente, la garantía de bienestar material o intelectual. Pero puede brindaros un poco de esa felicidad que proviene del orgullo propio. Mañana seréis personas trabajadoras o empleadas, funcionarias o artesanas o quizás desempleadas. Para defender vuestros puestos de trabajo, vuestros salarios, vuestras condiciones de trabajo y vuestros derechos, tendréis que informaros, organizaros y luchar. Por eso es necesario entender las estadísticas, adquirir una perspectiva histórica, saber descifrar documentos complicados, escribir textos bien estructurados en un lenguaje claro, investigar, razonar y argumentar bien. Mañana seréis ciudadanos o ciudadanas de un mundo al que el poder del dinero está provocando desastres sociales, militares y ecológicos. ¿Qué haréis para cambiar esta sociedad? ¿Y qué podéis hacer si no habéis aprendido nada?”.

Sólo una concepción como esta de la educación corresponde a las prioridades que todo hombre y mujer progresistas deberían fijarse. Sólo una concepción así permite responder positivamente a los grandes problemas pedagógicos y educativos de la educación en los entornos populares.

Construir una relación positiva con la escuela y los saberes

El primero de estos problemas es el abandono escolar. "Ya no quieren ir a la escuela". Al situar, desde el principio, la educación en una perspectiva de transformación social y de lucha de clases, el enseñante progresista permite a los hijos e hijas del pueblo dar un sentido a su escolaridad, reconstruir una relación positiva con el conocimiento y la escuela. Al hacerlo, se cumple la condición primordial para una lucha eficaz contra el fracaso escolar. Como decía Bernard Charlot:

"Reintegrar a los hijos del pueblo en situación de fracaso en el campo del conocimiento significa hacerles comprender que el conocimiento es una cuestión social, que es también su problema precisamente en la medida en que están excluidos de él: esto vale la pena de saberlo. Puedo, debo, y no sólo como individuo que desarrolla su potencial intelectual, sino como miembro de una clase social que lucha contra la opresión" **1/**.

Un segundo problema apremiante en la educación, en las llamadas zonas *desfavorecidas*, es el de la violencia. Problema complejo, porque la violencia es a la vez producto de una sociedad donde está omnipresente la brutalidad más agresiva y la expresión del rechazo de esta sociedad, del rechazo a la relegación educativa y social, del rechazo al no futuro en el sistema capitalista. Con esta juventud es de vital importancia encontrar salidas, darles un sentimiento de orgullo y, por tanto, una alta conciencia de clase. También hay que presentarles objetivos de lucha, para sustituir la violencia individual y gratuita por el combate colectivo y organizado.

Hay que presentarles objetivos de lucha, para sustituir la violencia individual y gratuita por el combate colectivo y organizado

Algunos objetarán que existe otra motivación para aprender: la alegría, el placer, la satisfacción personal. Si hablamos de la alegría de saber, de la alegría de descubrir cosas nuevas, entonces me temo que estamos dando vueltas en círculo, que apenas avanzamos, porque esta alegría sólo puede descubrirse al final de aprendizaje. Es la culminación y el logro supremo de la reconstrucción de una relación positiva con el conocimiento. No puede ser su fuerza impulsora. Pero existe alegría para aprender: la de anticipar todo lo que podremos lograr algún día. Hay para quienes esta alegría puede surgir de la perspectiva de acceder a altos cargos, y hay quienes quedarán satisfechos sabiendo que algún día ejercerán una profesión útil o apasionante. Pero la

1/ Charlot Bernard (1987) *L'Ecole en mutation*, Paris: Payot.

mayor felicidad surgirá de la perspectiva de luchar contra la injusticia y transformar el mundo. El famoso educador soviético Anton Makarenko escribió:

"El verdadero estímulo de la vida humana es la alegría del mañana. En la técnica educativa, esta alegría es uno de los principales objetos de trabajo. Debemos transformar persistentemente las formas más simples de alegría en otras más complejas y de mayor valor humano. Cuanto más grande es la comunidad cuyas perspectivas ha adoptado el ser humano, más hermoso y noble es el ser humano" **2/**.

Educación general y politécnica

La escuela democrática y emancipadora será, por tanto, la que proporcione *efectivamente* a todas las y los jóvenes una formación que abarque un vasto campo de conocimientos y habilidades, al mismo tiempo técnicas, científicas, sociales, literarias y artísticas; una enseñanza que combine estrechamente teoría y práctica, sin olvidar la educación física.

Hoy en día, demasiados niños y niñas abandonan la escuela sin ninguna formación histórica. La mayoría no sabe mucho sobre las realidades sociales y económicas del planeta o incluso del país o región donde viven. Y son muchos y muchas quienes no tienen ninguna cultura científica y menos aún conocimiento de las tecnologías más importantes. A menudo no dominan su lengua materna. En nombre de la formación profesional, hay quienes se especializan prematuramente en conocimientos y habilidades muy específicos y que se ven privados del conocimiento que les permita comprender las bases materiales de la producción de riqueza. Sin embargo, para poder comprender y transformar el mundo, lo que las y los ciudadanos del mañana necesitan es justamente lo contrario: una formación tanto general como politécnica lo más amplia y diversificada posible.

¿Por qué politécnica? Porque el desarrollo de las tecnologías tiene una gran influencia en la evolución de nuestras sociedades, orienta la organización y división del trabajo, a veces entrando en contradicción con las formas existentes, y define el círculo de posibilidades, aquel en el que debe tener lugar cualquier acción de transformación social. Por tanto, no podemos comprender –y menos aún transformar– las relaciones económicas y sociales sin comprender de dónde proviene la riqueza, sin haber aprendido, tanto a nivel teórico como práctico, qué es una cadena de producción, un robot, una máquina herramienta programada o manual, cómo funciona una granja, cómo se organiza el transporte, cómo se produce y transporta la energía, cómo se gestionan los hospitales, las guarderías, las obras públicas, cómo se construyen las casas, cómo funcionan los motores de los coches y los ordenadores...

"El hombre", decía Benjamín Franklin, "es un animal que fabrica herramientas" (*a toolmaking animal*). La característica de nuestra especie no es utilizar herramientas, sino fabricarlas y, más aún, diseñarlas. Durante milenios, de hecho desde la prehistoria hasta prin-

2/ Makarenko Anton (1967) *Problèmes de l'éducation scolaire soviétique*, Moscú: Progreso.

cipios del siglo XIX, el ser humano productor había vivido en relativa armonía con la tecnología. A pesar de la división del trabajo y de no ser siempre los dueños de las herramientas, los trabajadores y las trabajadoras seguían siendo sus *amos*: manejaban la herramienta, le marcaban su ritmo, comprendían en general su funcionamiento y su fabricación... Esta observación es cierta para el siervo o el campesino pobre de la Edad Media, para el obrero y para el artesano de las ciudades del Renacimiento e incluso para el obrero de las primeras manufacturas.

Sólo con la aparición de la fábrica mecanizada a partir de finales del siglo XVIII y especialmente en el XIX se produjo lo que Marx llamó la alienación del trabajador respecto a la máquina.

Antes de la maquinaria y del advenimiento del capitalismo industrial, la socialización y la formación profesional de la gente joven se realizaban de forma conjunta (en la familia rural y/o en el aprendizaje). Se trataba de una educación completa, que permitía comprender todos los aspectos de las relaciones técnicas de producción en las que se trabajaba. Con la llegada de la enseñanza escolar en el siglo XIX, esta dimensión politécnica de la educación desapareció. A partir de entonces, la tecnología sólo está presente en la forma restringida de especializaciones profesionales que, en lugar de abrir la vista a la sociedad, encierran al trabajador y a la trabajadora en la ignorancia de los procesos generales.

Ya es hora de inventar una escuela que reconecte con esta visión politécnica. Una escuela que combine, en un enfoque único, la formación general y tecnológica, la enseñanza teórica y la formación profesional

Ya es hora de inventar una escuela que reconecte con esta visión politécnica. Una escuela que combine, en un enfoque único, la formación general y tecnológica, la enseñanza teórica y la formación profesional.

Tronco común hasta los 16 años

Por lo tanto, hay que empezar por intentar eliminar el sistema de *líneas* y de especializaciones tempranas que confinan a una parte del estudiantado en orientaciones técnico-profesionales y que reservan para la otra una formación general limitada. Al menos hasta los 16 años, el conjunto de las y los jóvenes deberían beneficiarse de una educación polivalente y, fundamentalmente, común. Se trata también de rechazar cualquier *profesionalización* precoz de la formación académica.

¿No hay por mi parte un cierto elitismo, una forma de desprecio por el trabajo manual? ¿Un rechazo de la *inteligencia concreta* en favor, únicamente, de la *inteligencia abstracta*? Los críticos de izquierda tal vez incluso me acusen de glorificar formas de conocimiento *burguesas y teóricas,* en detrimento de las formas *populares y prácticas.* Por el contrario, creo que el desprecio del pueblo consiste precisamente en ponerle esta etiqueta de *inteligencia concreta.* El obrero o la obrera y su hijo o hija son tan capaces de producir razonamientos abstractos como el burgués y sus descendientes, incluso si difieren las formas de expresión y las condiciones en las que el esfuerzo teórico se produce espontáneamente.

Evidentemente, no se trata de rechazar la idea de una formación profesional, la necesidad de un aprendizaje técnico o la adquisición de habilidades manuales. Eso sería absurdo. Pero lo que hay que rechazar es que, so pretexto de una formación profesional o técnica, se priven al niño y a la niña de una educación completa; que bajo la presión de la búsqueda de competitividad y productividad les encerramos en una especialización estrecha. Nadie discute que la escuela pueda enseñar una profesión. Ni siquiera que pueda hacerlo en relación con el mundo del trabajo. Pero desde un punto de vista democrático y progresista es inaceptable que las y los jóvenes se lancen a la vida laboral sin haber adquirido un conocimiento profundo del entorno social, económico, político, tecnológico, científico y, sí, incluso cultural o artístico en el que se van a encontrar. Y, sobre todo, cuando les hemos hurtado la esperanza de adquirirlos nunca, porque hemos conseguido apartarles de el para siempre, aniquilando en ellos y ellas el gusto por descubrir y comprender o por haberles convencido de que son incapaces de ello.

Que un chico o una chica de 14 o 16 años, que tiene un dominio muy aproximado de su lengua materna, que desconoce la historia de su propio pueblo, que es ajeno a cualquier cultura científica, esté obligado a pasar la mitad de su tiempo escolar haciendo casi *sólo* mecánica o casi *sólo* cocinando, esto ya no tiene nada que ver con la educación del pueblo, sino sólo con el entrenamiento de una fuerza de trabajo que se verá obligada a trabajar forzadamente. En cambio, enseñar a los niños y niñas, ¡a todos los niños y niñas!, los conceptos básicos de mecánica, cocina, trabajo de oficina y agricultura, eso sería algo excelente. Sobre todo, deberíamos familiarizarles con las tecnologías modernas, como la electrónica, la informática o las múltiples técnicas de producción multimedia. Esta es la transposición actualizada del programa de la escuela única y politécnica, que Anatole Lunacharsky, Comisario del Pueblo para la Educación, explica aquí en el contexto de un país atrasado: la URSS de 1920, donde la industrialización seguía siendo una de las prioridades absolutas:

“No tenemos como objetivo, para esta edad –de 12 a 16 años–, formar artesanos o buenos obreros, un contramaestre de una producción concreta, un metalúrgico o un curtidor. Hay que conseguir que un chico de 16 años que sale de la escuela tenga una idea de la industria en general, que tenga una idea clara de lo que es una fábrica, un establecimiento, una máquina de vapor, una dínamo, un sistema de correas de transmisión, los principales tipos de máquinas-herramientas, la división de la fábrica en talleres especializados, que sepa cómo funciona un almacén, el transporte, cómo se obtiene un producto básico, cómo es la gestión de una fábrica... que tenga una idea clara de todo eso" **3/**.

Teoría y práctica

No basta romper con la especialización y la compartimentación entre formación general y formación técnica; también es necesario conciliar la teoría y la práctica en la pedagogía. Hoy en día, ya sea en las líneas generales o en las profesionales, los conocimientos teóricos todavía se dispensan con demasiada frecuencia como una poción que se traga sin preguntarse realmente de dónde viene. Por el contrario, en la era basada en las competencias, la práctica tiende a realizarse sin haber estado sólidamente fundamentada en una base de conocimientos teóricos. De hecho, todo sucede como si la relación teoría-práctica se redujera a la única función utilitaria del conocimiento.

No basta romper con la especialización y la compartimentación entre formación general y formación técnica; también es necesario conciliar la teoría y la práctica en la pedagogía

Como escribía Célestin Freinet:

"El trabajo será el gran principio, el motor y la filosofía de la pedagogía popular, la actividad de la que brotarán todas las adquisiciones"**4/**.

El "trabajo" del que habla aquí Freinet debe entenderse en sentido amplio: la práctica productiva, la práctica social, la práctica científica y la práctica artística. Es allí donde se presentan los problemas prácticos -lo que no necesariamente significa *concretos* y menos aún *directamente útiles*- donde surge la necesidad de la abstracción; es a través de tales prácticas como puede construirse y adquirir significado el conocimiento teórico.

Todo esto se opone a tres concepciones comunes:

● el utilitarismo profesional, que reduce la práctica al ejercicio de tareas repetitivas: "El trabajo en la escuela debe ser educativo -dijo Lunacharski-, es decir, realizado según normas tales que el niño aprenda, y si el niño no adquiere nada trabajando, entonces es un crimen de la escuela. El trabajo no tiene derecho a una sola hora en la escuela si, gracias a él, el niño no se ha vuelto más inteligente y más hábil";

3/ Lounatcharski Anatole (1984) *De l'école de classe, in À propos de l'éducation.* Moscú: Progreso.

4/ Freinet Célestin (1969) *Pour l'école du peuple.* Paris: Maspero.

● la valorización elitista de un saber *gratuito* y *desinteresado* que no es más que el desprecio burgués por la práctica. Esta concepción refleja la división social del trabajo entre las clases dominantes –poseedoras de los *grandes conocimientos teóricos*– y las clases populares –responsables de la aplicación práctica–;

● el enfoque basado en las competencias, ahora en boga, que reduce el conocimiento a su dimensión utilitaria y considera la práctica escolar sólo como el ejercicio del uso del conocimiento. Esta concepción equivale a negar el valor intrínseco del conocimiento, como capacidad de comprender el mundo.

El enfoque basado en las competencias, ahora en boga, que reduce el conocimiento a su dimensión utilitaria y considera la práctica escolar sólo como el ejercicio del uso del conocimiento

A modo de conclusión: ¿obsolescencia del modelo escolar?

Ciertos discursos de moda hoy en día, a veces incluso en los círculos de izquierda, afirman que *el modelo escolar tradicional* está obsoleto. En la era de Internet que permitiría, se nos dice, acceder *con un clic* a todo el conocimiento de la humanidad, en la era de la explosión del conocimiento que crece a un ritmo exponencial, la era del individuo-rey, *dueño autónomo de su destino*, la escuela tradicional con sus programas imprescindibles, sus horarios rígidos, su disciplina anticuada, sus enseñantes transmitiendo conocimientos... ya no tendría razón de existir.

Estoy convencido que este tipo de discurso es profundamente reaccionario. Bajo el pretexto de una laxitud benevolente, equivale a privar a las clases trabajadoras de su única oportunidad de acceder a una comprensión global del mundo y, por tanto, a la capacidad de transformarlo.

Cierto, una educación escolar más ambiciosa y más democrática no será suficiente para cambiar el mundo, para derribar el sistema basado en el capitalismo y reemplazarlo por una sociedad verdaderamente democrática, racional, capaz de afrontar los inmensos desafíos sociales, tecnológicos, culturales, climáticos, ambientales y geopolíticos que se plantean a las generaciones actuales y futuras. Esto implicará movilizaciones y luchas. Pero la educación puede y debe ayudar a preparar a las generaciones futuras para estas batallas.

También es cierto que nunca habrá un *consenso* en torno a la escuela emancipadora que acabo de mencionar aquí. Las clases dominantes y sus representantes políticos nunca organizarán una educación que los prepare para su caída. Pero corresponde a las y los enseñantes progresistas aprovechar las contradicciones del sistema para transformar la escuela en todos los niveles: desde su práctica diaria, en clase, hasta las grandes cuestiones de los programas, la financiación y la organización de la educación.

Porque como escribía Georges Snyders hace ya medio siglo:

“La escuela no es el bastión de la clase dominante, es un campo de lucha entre la clase dominante y la clase explotada; es un terreno donde chocan las fuerzas del progreso y las fuerzas conservadoras. Lo que sucede allí refleja tanto la explotación como la lucha contra la explotación. La escuela es al mismo tiempo una reproducción de las estructuras existentes, una correa de transmisión de la ideología oficial, de la domesticación, pero también amenaza al orden establecido y posibilidad de emancipación”.

Traducción: Mikel de La Fuente

Nico Hirtt, es miembro del Llamamiento por una escuela democrática (Bélgica) autor de numerosos artículos y libros sobre los problemas de la escuela contemporánea y los sistemas educativos europeos.

ecosocialismo

Otras sendas
Ideas
para un programa
ecosocialista

Jorge Riechmann

Fuga Mundi

Laura García de Lucas

■ El viaje en autobús urbano hasta el puesto de trabajo y el retorno a casa es el sendero por el cual camina este original y lúcido poemario. En ese trayecto, Laura García de Lucas (Ávila, 1983) critica la alienación, la masificación, la presión social y la docilidad con una forma fresca, insumisa e indagadora. La rutina revela una tensión entre la domesticación y la observación crítica, y el cansancio arrastra una docilidad a la que la voz de los poemas no cede. Los poemas, no en vano, se titulan como cada una de las paradas reales de una línea de autobús concreta y se fijan con una hora específica del trayecto. Desde la constatación del "no lugar" que constituye el transporte público, desde la obediencia a ritmos y horarios determinados por la productividad, estos poemas recogen un mundo que repite sus hábitos de exclusión, adecuación y mansedumbre. Los versos reproducen el flujo del trasiego de pasajeros e historias que se atomizan solapándose unas con otras. Sin embargo, entre esa cotidianeidad y la expresión del hastío, de la angustia o de la desolación, continuamente aparecen pájaros en las escenas como un contrapunto y como metáfora. Se trata de aves de la ciudad, que construyen su sociedad en paralelo a la cual solemos no prestar atención. El contraste entre la naturaleza vitalista y la civilización tanática articula los versos, zarandeándonos entre la exaltación de la atención a lo pequeño y la resistencia a la desidia y la desesperanza. De esta manera, estamos ante un estimulante conjunto de poemas de denuncia del presente, pero también sobre posibilidades creativas de crecer a partir de él. Finalmente, con *Fuga Mundi* (La Imprenta, 2024), Laura García de Lucas obtuvo el IV Premio Internacional de Poesía Crítica Álvaro Tejero Barrio, creado en recuerdo de nuestro compañero fallecido.

Alberto García-Teresa

8:36 BATALLA DEL SALADO - BEATA

correspondencia con líneas 8, 45, 47, 85, 86 y 247

los detenidos en la espera
del círculo que nos recoge
en intervalos de 1 a 6 minutos
marcha parada marcha
con ausencia de desplazamiento
parada marcha parada
no nos movemos nos trasportan
en el letargo de lo previsible

respetamos escrupulosamente
el espacio asignado
un asiento las reglas
los tullidos los más ancianos
las embarazadas
algunos conductores
no dejan subir grandes bultos
otros son más permisivos
con el sudor y el turista
con el que vuelve a la casa
el domingo noche
hay menos espacio resoplamos
pero nos ahuecamos en silencio
con la norma como contorno

**

8:40 DELICIAS - CÁCERES

correspondencia con líneas 8, 45, 47, 85, 86 y 247

la ciudad europea con más mortalidad por polución y sin embargo
no sabemos dispersarnos nos movemos en círculos aislamos el
ruido a lo lejos las manos las tareas por hacer el tiempo que queda
hasta la próxima parada que se repite una y otra vez cada día en
cada fuga con una cadencia de 1 a 6 minutos 52 por trayecto

una migración periódica de 18 días al año de vuelo sin pausas

el viaje convierte lo efímero en sólido da consistencia de real al sonido que
pasa y no queda a un movimiento tan inútil como una sala de urgencias

8:45 ESTACIÓN DE DELICIAS
correspondencia con líneas 45, 47, 85, 86 y 247

buscar el alimento
en la ciudad las semillas
este templo convertido en mercado
los gritos de fuera
no nos dejan oír
hemos subido el tono
de nuestras conversaciones
por encima
del pitido de los coches
cántico de prisa y abundancia

huir del mundo
en el centro de un autobús
movimiento sin acción
una corriente espesa
predecible como el alquitrán
como los ascetas
en el desierto
qué hacían esas aves huir del ruido
para llenarse
de un incrédulo paisaje
rechazar los placeres
que hacían si al final
siempre volvían a la casa

en numerosos estatutos urbanos
los eremitas
y algunos frailes mendicantes
son considerados vagabundos
sin derecho a cristiana caridad
24 días de vacaciones o una nómina
están obligados a pedir limosna
escapar de la ciudad
dejar de ser productivos

escondida senda por donde han marchado
los pocos sabios ciegos

8:54 DELICIAS ATOCHA
correspondencia con líneas 6, 27 y 45

subimos con el peso torpe
de las plumas mojadas
una oración erguida
programado sonido
la cadencia de un púlpito
nos levantamos nos sentamos
nos damos la paz

y sin embargo no nos movemos
es inmutable la corriente
es invariable la vibración
es inalterable la nada

gracias a las peticiones
de los respetuosos ciudadanos
con el pasaje
de 1 a 6 minutos
del ligero rumor
de tormenta que no llega

**

9:11 CUESTA DE MOYANO

existe ciertas reglas
de cohabitación
aunque no volvamos a cruzarnos
el azar rítmico del turno
la educada indiferencia
del espacio y el silencio

breves grupos de aves rehenes
respetamos el orden de llegada
subimos en orden
sin empujones
si alguien cojea
fingimos cordialidad
pero a todos nos irrita
otra parada en el diapasón
no permanecemos en el pasaje

nos movemos al fondo
no bloqueamos las puertas

la corriente como huida

**

18:48 SERRANO - ORTEGA Y GASSET
correspondencia con líneas 1, 9, 51 y 74

las puertas
se abren se cierran
en cada parada
se abren se cierran
el ciclo de los días
en un sonido metálico
se abren se cierran
los bordes cambian
cada vez que se retoma
caen brazos bajan los rostros
y la constante información
del lugar exacto
en el que seguimos
sobrelocalizados
disculpa estoy en el bus no puedo hablar
estoy casi ahí
delimitados siempre
en el viaje

**

19:12 ALFONSO XII

somos un inútil baile de aves
nadie está y
no podemos existir
si
el otro no llena el espacio
de huesos
huecos

un taxi
se cruza de manera peligrosa
en nuestro carril
840 minutos
sin otro referente
que las voces de la radio
los pasajeros
en su distante educación
se sientan siempre en diagonal
son los intrusos los que traen
las semillas de fuera

14 horas y la prisa mirando hacia abajo

no llenamos por completo
nuestros sitios
no
como las hierbas
en las grietas de la calzada
la zarza
no es el milagro
es la permanencia del fuego
el calor que hace desaparecer
el césped en las medianas
la palabra
no es el milagro
solo la sed y un vaso con tu nombre

algunos pedimos al conductor
que apague la emisora
de golpe la elipsis
debería ser menos cruel la zarza
dejar flotando en el pasillo
un pequeño rastro
una mínima raya de luz
en nuestro cuerpos

Arena en los ojos. Memoria y silencio de la colonización española de Marruecos y el Sáhara Occidental
Laura Casielles
Libros del K.O., 2024
403 pp. 23,90 €
Justa Montero

■ Laura Casielles, periodista, poeta, investigadora y activista feminista, aborda en este brillante ensayo el colonialismo español en Marruecos y el Sáhara Occidental como un elemento imprescindible para entender nuestra memoria e historia reciente. Muestra los hilos históricos que enlazan lo sucedido en el siglo XIX, en el XX y en la actualidad, con una Ley de Memoria Democrática que no hace ninguna referencia a las colonias.

A través de una combinación entre diario de viaje y rigurosa investigación, recorre Tetuán, Alhucemas, Larache, Tánger, Sidi Ifni, Esmara, El Aaiún y Tinduf, sus gentes, los recuerdos del pasado que han dejado marca en el transcurrir de sus vidas, y narra los hechos históricos aterrizando el relato en las ciudades y lugares (que deberían ser lugares de memoria), de lo que se llamó, entre 1912 y 1958, "Protectorado Español de Marruecos" y del Sáhara Occidental.

El relato oficial ha ocultado o tergiversado la realidad colonial sirviéndose de imaginarios y eufemismos que, al aceptarlos, normalizan lo colonial, como es llamar protectorado a lo que son colonias, periodo de pacificación a lo que fue el periodo de guerras de África, hermandad a la ausencia de mestizaje y mantenimiento de fronteras de origen y clase (una distinción entre "nacionales e indígenas" más pronunciada aún en el Sáhara Occidental); que habla del "desastre de Annual" para silenciar los avances de la República del Riff y la masacre de la guerra.

Pero la colonialidad exige poner en relación lo que sucede en el país colonizado y en el colonizador, y el libro es una apasionante propuesta para saltar de un lado a otro del estrecho. Invita a identificar contradicciones y matices de un relato necesariamente complejo. Invita también a preguntarnos por el alcance del "africanismo", más allá de la ideología de los militares que fueron claves en el pistoletazo de salida de la Guerra civil y la dictadura, o lo que lleva a la República a utilizar las tropas venidas de las colonias para reprimir y aplastar la revolución de Asturias del 34. Se adentra en la participación de las tropas "moras" en el golpe de Estado, al tiempo que alimentaba el relato de demonización social de "lo moro" iniciado tras la batalla de Annual; cómo la situación de las mujeres se convertía en justificación para la misión civilizadora de la Sección Femenina. Una opresión que, como señala la autora, podía convertirse en metáfora de la de todo un país. Y, por último, señala las implicaciones actuales del "proceso de descolonización español", que convirtió las colonias en provincias y estableció un marco de relaciones y acuerdos con Marruecos antes y tras la marcha verde, que dejó a la población saharaui en el abandono, muerte y exilio.

Piel blanca, combustible negro
Andreas Malm y Zetkin Collective
Capitán Swing, 2024
647 pp. 29 €
Jaime Pastor

■ Presentada como "la primera investigación sistemática de la ecología política de la extrema derecha en el contexto de la crisis climática", esta obra constituye una muy buena contribución a la denuncia de las políticas anticlima de la Internacional reaccionaria, asociadas cada vez más con los intereses materiales de una fracción significativa de las clases dominantes, más allá incluso de la que representa al capital fósil.

Malm y el colectivo Zetkin nos ofrecen un estudio bien documentado de las principales formaciones políticas de extrema derecha en 13 países europeos, así como en EE UU y Brasil. Resaltan sus rasgos comunes, como el etnonacionalismo esencialista y su discurso del miedo a una futura "Eurabia", pero también su evolución y sus particularidades. Ese es el caso de la versión como "nacionalismo verde" que en Francia se ha presentado como *matiz* del negacionismo, tratando de achacar falsamente a la inmigración hacia el Norte global la responsabilidad del cambio climático para así poder justificar mejor el cierre de fronteras: "la mejor aliada de la ecología es la frontera", ha llegado a decir Jordan Bardella, el líder de la extrema derecha francesa en las elecciones europeas.

Los autores nos recuerdan también que los combustibles fósiles estuvieron vinculados al racismo a lo largo de la historia del capitalismo, como prueba su adoración por los fascismos de entreguerras del XX, como en Italia y Alemania. Podemos así encontrar un hilo de continuidad con lo que ahora se está manifestando con más fuerza a través del ascenso de Trump, su MAGA y la estrecha relación que, en torno a su figura, se está dando entre el capital fósil y la extrema derecha; o sea, entre la preservación de los intereses de esa fracción de la clase dominante (aunque sus apoyos se encuentran también en otros sectores), la defensa de la *nación blanca* y el rechazo a las poblaciones no occidentales que llegan a sus fronteras.

Recogiendo la distinción que hace Stanley Cohen entre tres tipos de negacionismo (literal, interpretativo e implicatorio), los autores consideran que las extremas derechas tendrían que ver con los dos primeros, mientras que el tercero sería el que caracteriza a la gobernanza climática capitalista con el ecoblanqueo como "forma de posverdad".

En resumen, podemos considerar que se está extendiendo en nuestras sociedades la tendencia a una "fascistización fósil", entendida como "una reacción –primero preventiva y luego directa– al momento de la verdad de la crisis climática, cada vez más inminente". Un proceso que se está dando ante una clase trabajadora desintegrada y fragmentada, lo que les lleva a concluir que "el cambio climático se convirtió en un problema revolucionario sin un sujeto revolucionario". Un libro, por tanto, muy recomendable para poder combatir mejor "los peligros del fascismo fósil".

El malestar en la turistificación. Pensamiento crítico para una transformación del turismo
Ernest Cañada, Ivan Murray
y Clément Marie dit Chirot (eds.)
Icaria, 2024
284 pp. 24 €
Lidia López Miguel

■ La organización del turismo bajo las condiciones del capitalismo gore (como define Sayak Valencia) y la necropolítica está dejando un panorama desalentador que extiende sus raíces mucho más allá de las ciudades y los destinos turísticos tradicionales, en un proceso que fagocita nuestros entornos naturales y genera un profundo malestar social. Además, ha implicado la pérdida de derechos y de posibilidades de una vida digna. El turismo, como mecanismo global de acumulación y reproducción del capital que explota y desposee, a través de múltiples formas de violencia, es el principal motor económico en muchas economías. Por tanto, nos encontramos a menudo ante una encrucijada: ¿puede existir el turismo en una sociedad postcapitalista? Este libro es un esfuerzo por fortalecer los estudios críticos del turismo, en su vertiente más teórica, con el objetivo de demostrar que existe una posibilidad emancipadora que podría permitir un turismo pensado fuera de las lógicas del capitalismo. Para ello, los editores lanzan una propuesta muy sugerente: ¿Cuáles serían las posturas frente a la cuestión de la turistificación de las principales voces del pensamiento contemporáneo anticapitalista?

Los primeros textos sobre la producción turística del espacio a partir de los estudios sobre geografía y la sociología urbana crítica destacan que los procesos de producción se forman en múltiples espacios como son las propias ciudades en continua formación y transformación. El acceso al ocio y al turismo es otra de las cuestiones abordadas, destacando trabajos como los de Piketty o Mitchell y poniendo sobre la mesa la supervivencia del turismo *low cost*. Cuestión esta que enlaza con la investigación de las dinámicas laborales que se generan en torno al turismo, donde la precarización es especialmente cruel cuando se trata del trabajo de las mujeres. Nos adentran en ello las miradas de Federici y Fraser, entre otras. Pero desde el feminismo no sólo se analiza la cuestión laboral. Leer a autoras como Shiva o Haraway abre los caminos para pensar la turistificación desde el ámbito de los ecofeminismos. La sección dedicada a las teorías decoloniales ahonda en el pensamiento de Aníbal Quijano o Edwar Saïd para profundizar en las dinámicas de dependencia Norte-Sur. Especialmente interesantes son los textos dedicados al turismo en los espacios rurales y la emancipación de las familias campesinas, así como los procesos de acaparamiento de tierras. Para finalizar, es necesario destacar el recurso a Ursula K. Le Guin, pues sólo ampliando nuestro imaginario, emancipándolo de las lógicas que nos atraviesan, podremos dar soluciones a una cuestión inaplazable ante el colapso ecosocial.

Tiempo de cerezas
Montserrat Roig
consonni, 2024
250 pp. 22,50 €
Julia Cámara

■ Hay un tipo de autoras que me fascinan. Son las que tienen la capacidad de recuperar personajes y lugares incluso manifiestamente secundarios y hacerlos aparecer en otras historias. Yo lo veo como una suerte de lealtad a la escritura. Considerado como la obra maestra de la escritora catalana Montserrat Roig, *Tiempo de cerezas* es el segundo libro de la trilogía que está reeditando consonni, todos ellos con traducción de Gemma Deza Guil. Pese a lo que podría sugerir el doble árbol genealógico del comienzo, los personajes del universo de las tres Mundetas no constituyen la historia, sino que se muestran ante nosotras a través de referencias cruzadas, de comentarios superficiales o pensamientos difusos sobre las amigas del pasado, con lo que se demuestra una densidad narrativa apabullante que le deja a una encogida y con ganas de preguntar cómo fue lo de Kati.

Natàlia, la protagonista, recuerda un poco a lo que habría podido llegar a ser Mundeta Claret (pero que, como sabemos a través de Lluís, no fue) y ejerce de vínculo temporal entre el cierre del anterior libro (Natàlia se fue de casa tras el aborto, posiblemente en la misma época en que Mundeta escapaba de la de sus padres) y el comienzo de este, doce años más tarde.

Conforme avanzamos en la lectura, la idea de que Roig quiere contarnos la historia de Natàlia y de su vuelta a Barcelona se vuelve sencillamente ridícula. Una se abre paso entre las páginas sospechando, acumulando dudas, hasta que finalmente (quizá en el último y magistral capítulo en el que se menciona a Emilio, o en la no menos magnífica escena de la elección de las medias de seda) la realidad se le presenta pura: este libro nunca fue pensado como relato. Roig utiliza a Natàlia como excusa, pero *Tiempo de cerezas* es en realidad un monumental estudio de personajes, un intento de aproximación a los seres humanos y a las maneras complejas y contradictorias en las que construimos nuestros vínculos, nuestra comprensión del mundo y de nosotros mismos. En las pocas ocasiones en que una descripción se separa de este ser social para contentarse con una enumeración de características y detalles (fundamentalmente, en el caso de Harmonia), el resultado parece artificial e inacabado. Es en lo relacional, en esa dimensión interconectada en la que cada personaje existe en tanto lo que otros dicen de él y él hace respecto a los otros, que la escritura de Roig brilla.

Con el telón de fondo del final del franquismo, de la especulación urbanística y del destape, Montserrat Roig despliega al acercarse a Patrícia, a Encarna, y muy especialmente a Joan Miralpeix, una elegancia y sutileza que hacen que si *Ramona, adiós* contenía "todas las aspiraciones de la feminidad misma", *Tiempo de cerezas* sea algo superior: una indagación de la humanidad misma.

Gramsci y el sujeto político. Subalternidad, autonomía, hegemonía
Massimo Modonesi
Akal, 2023
192 pp. 18 €
Germán Pérez

■ Subalternidad, autonomía, hegemonía. Gramsci utiliza estos tres conceptos para estudiar y analizar los procesos de concienciación política de la clase trabajadora o, como él lo llama, "subjetivación". En un principio la rebelión subalterna, en la que procesos desiguales y caóticos de organización y movilización se combinan con un mantenimiento del sometimiento a la ideología de la clase dominante. Después autonomía, entendida como escisión de la clase obrera de la hegemonía de las clases dominantes y sus instituciones, que culmina en la creación del partido revolucionario, que, de hecho, es para Gramsci la garantía de que ese proceso de subjetivación no fracase y acabe de nuevo bajo la influencia del Estado. Finalmente hegemonía, que es la extensión horizontal de un proyecto revolucionario para el conjunto de la sociedad, incluyendo a cada vez más sectores de las clases populares.

El autor también evidencia que las clases dominantes no esperan pacientes a que las clases populares se organicen contra ellos. Ahí entra el concepto de revolución pasiva, como iniciativa desde arriba (desde el Estado) que busca desmovilizar (re-subalternizar en términos gramscianos) un movimiento popular que, aunque rebelde, fracasó a la hora de devenir autónomo, haciendo posible que las clases dominantes retomen la iniciativa. Leyendo estas páginas, sobrevuela el fantasma de los últimos diez años de política española.

Desde un enfoque teórico-conceptual, es un libro muy útil para pensar la política hoy. Me detendré en un aspecto, a modo de ejemplo. Para Gramsci, existe una tensión dialéctica entre la disciplina y la dirección consciente, reino del partido revolucionario y el movimiento espontáneo de las masas. En época de ascenso revolucionario enfatiza los propios órganos que genera el segundo; en época de retroceso (como con el auge del fascismo), el partido. Todo esto en un momento en que "la vida de la clase trabajadora es rica en instituciones, se articula en actividades múltiples". En estos momentos, en un contexto de pasividad absoluta de la clase trabajadora, ¿cuáles son las características de esa tensión dialéctica? ¿Cómo participar de la tarea central y unitaria de vitalizar la autoactividad de nuestra clase, dubitativa y primaria, mientras a la vez no perdemos de vista el hilo estratégico que nos ha legado el pensamiento revolucionario? ¿Qué instituciones y luchas tienen la potencialidad de dar el paso de lo subalterno a lo autónomo, entendiendo esto último como el reconocimiento de formar parte de una clase dispuesta a actuar colectivamente como tal?

Hay libros que son mapas. Este no sólo lo es para moverse por la obra de un gigante del pensamiento revolucionario sino, a través de su lente, pensar hoy los caminos de la transformación revolucionaria.

Trumpismos. Neoliberales y autoritarios. Radiografía de la derecha radical
Miguel Urbán
Verso, 2024
334 pp. 20 €
Alberto García-Teresa

■ Este profundísimo análisis de la diversidad de partidos de ultraderecha de todo el mundo que realiza Miguel Urbán (Madrid, 1980) viene a completar el trabajo que hace una década ya empezase a publicar sobre la extrema derecha actual. A los senderos abiertos con aquellos dos libros previos, Urbán suma un atento seguimiento de esos movimientos que ha sido nutrido, sin duda, por su desempeño como eurodiputado con Unidas Podemos en las dos últimas legislaturas.

Uno de los mayores aciertos de esta obra es abarcar un panorama muy amplio en el plano internacional, lo cual nos permite tomar plena conciencia de los peligros de esa ola reaccionaria. Sin embargo, Urbán profundiza en las singularidades de cada país y de cada partido, con lo que se extrae una lectura global a partir del concienzudo examen de cada particularidad nacional. Al respecto, el autor subraya la (desconcertante) heterogeneidad de estos partidos en un conjunto que busca situarse como frente reaccionario. Las contradicciones entre sí se explicitan en múltiples ámbitos, no sólo en la competencia nacional, sino, especialmente, en el papel del Estado (estatistas frente a ultraliberales).

El autor cuida ubicar el contexto: las consecuencias de la crisis financiera de 2008 y su reguero de conflictos, la ola feminista, la crisis ecológica, la trascendencia de los nuevos medios de información e Internet, el auge de los neofundamentalismos religiosos, el desprestigio del orden político. Por eso el acontecer del nuevo paradigma reaccionario que abren estos partidos. No en vano, perspectiva política y sociológica se dan la mano en estas páginas.

La llegada de Donald Trump al poder en EE UU irrumpe como referente y símbolo, y acelera e ilumina los procesos de estos partidos en todo el mundo. Se trata de una nueva forma política (alerta Urbán sobre el riesgo del reduccionismo de tildarla fácilmente de “fascista” sin comprender sus diferencias y sus singularidades para, en definitiva, poder encararla). La cuestión no es que se quiera utilizar a Trump como modelo que emular, sino que abre una puerta, según nos indica el autor, para que la extrema derecha se impulsara en cada territorio desde unos nuevos parámetros nuevos de relaciones sociales y comunicativas. Urbán pide reflexionar sobre este fenómeno como síntoma, y ahí se nos exige prudencia, rigor y precaución para saber planificar y actuar ante una coyuntura venidera muy complicada para la clase trabajadora y la agenda progresista y feminista.

Se trata, en definitiva, de una obra minuciosa, muy relevante para poder comprender el presente, construir respuestas colectivas (a ello dedica el último tramo del volumen) y horadar ese oscuro horizonte que nos dibujan los últimos resultados electorales.